荘司雅彦

JN284027

13歳からの法学部入門

GS

幻冬舎新書

167

はじめに

「法律ってどうして必要なの?」

「なぜ人を殺してはいけないの?」

「戦争では人を殺してもいいの?」

「正義って何?」


小学一年生の子どもからこんな質問をされたら、君は何と答えるだろうか?

きっと、とても困ってしまうんじゃないかな。


でも心配しなくていい。困ってしまうのは君だけじゃない。

君のお父さんもお母さんも、それから、裁判官や検察官や弁護士のような法律を職業にしている人だって、英語で「lawmaker」(法律をつくる人)と呼ばれる国会議員だって、官僚《かんりょう》だって、お医者さんだって、ほとんどの大人は、すぐには答えられないはずだ。

だったらそんな難しい質問をしないでよ！

そう思うかもしれないね。

でもね、答えることはできなくても「どうしてだろう？」と自分の頭で考えたり、君に質問した子どもとあれこれ話をしたりすることはできるだろう？。

最初に挙げた質問には、テストの問題のような正解がない。

大昔から有名な思想家たちが取り組んできたし、いまでも大学の先生や多くの人たちが、現在進行形で考え続けている。

だから、君が自分の頭で考えたり子どもと話をしたりして、自分なりの答えをまとめられれば、それでOKなんだ。

そもそもこの本に書いてある内容はあくまでぼくの考え方だし、先人の思想をぼくなりに都合よく解釈《かいしゃく》して紹介している部分もある。専門家の先生方に叱《しか》られるかもしれないね（笑）。

だから、本書を読んで、君が「この考えはおかしい」と思ってくれたら、ぼくとしては書いたかいがあるというものだ。

決して負け惜《お》しみじゃない。

なぜなら、君が本書を読んで「おかしい」と思うことは、君が「活字に惑《まど》わされず自分で考える力」を身につけてくれたことになるからだ。

小中高の学習指導要領に「法律科目」が入るようになった。

将来、裁判員になるかもしれない君を含《ふく》めたすべての国民に、法律についての素養を持ってほしい、つまり最低限度の知識や法的なものの考え方を身につけてほしいというのが目的だ。

日本だってアメリカだってEU諸国だって、世界の国々はすべて、それぞれの法律に基《もと》づいて社会のシステムを組み立てており、人々はそのシステムによって生活したり働いたりしている。

テレビドラマにもなった「ドラゴン桜」の桜木先生の言葉じゃないけど、自分が生きる社会のシステムがどのようなものかを知っているかいないかで、君の人生は大きく変わってくる。

そのためには、いまある日本の法律を知っている必要があるし、それだけじゃなく、法律ができた背景を理解し、法的な考え方を身につける必要がある。

本書を読んでもらえれば、新しい「法律科目」で求められている法的素養は十分に身につくはずだから、学校のテストや入学試験に役立つだろう。

それだけじゃなく、君が将来どのような仕事につくとしても、本書の内容が、君のよき人生のために、そして、社会をよりよいものにしていくために、大きな財産になるだろう。

この本の目次を見ると、最初の質問のほかにも、「自由と民主主義」「権利と義務」のように、一見わかっていそうで深く考え出すと頭が混乱してしまう項目が書いてある。

でもね、頭が混乱するくらい、寝《ね》ることもご飯を食べることも忘れて考え込むことは、最高の思考の訓練だ。スピードの速いことばかりが重視される時代に、ネットで検索《けんさく》してもすぐに答えが出てこない問題を、じっくり考える経験は、後で必ず大きな成果となって君に返ってくる。

そんなふうにして、君が大人への一歩を踏《ふ》み出す手伝いができたら、ぼくとしてはこんなに嬉《うれ》しいことはない。

本書によって、君の人生が素晴《すば》らしいものになってくれることを心から祈っている。

13歳からの法学部入門／目次

第1章 法律って本当に必要なんだろうか？

道徳と法律はどこが違うのか

「法律って何ですか？」

君が周りの大人に尋《たず》ねたら、どんな答えが返ってくるだろうか。

「六法全書に書いてある条文のことだよ」という答えが多いかな。「国会で成立した法律という名前のもの」。そんなふうに答える人もいるかもしれない。

でも、君はその答えに納得《なっとく》するかい？

「なんかどっか違《ちが》う」「そういう形式的な意味じゃなくて……」と感じるかもしれないね。

そう、君が知りたいのは法律の形式的な定義じゃなくて、法律の実質的な意味だ。

それに対するぼくの答えはこうだ。

「法律とは、原則として一つの国のすべての地域や居住者に適用され、国家による強制に裏づけられたルールである」

どうだろう？

「国家による強制に裏づけられた」の部分は、道徳と比較《ひかく》してみるとよくわかる。道徳も法律と同じで、社会のルールの仲間だ。

イソップ童話に出てくる「狼《おおかみ》少年」の話を知っているよね。次のような中身だ。

少年が村中のみんなを驚《おどろ》かせようとして「狼が来たぞ！」と叫《さけ》ぶ。驚いた村人が狼を退治しようと集まってきたら、少年のウソだとわかる。村人はあきれて、でもまあウソでよかったと安心して帰っていく。村人がだまされるのを愉快《ゆかい》に思った少年は、その後も何度か同じウソをつく。当たり前だけど、村人は次第《しだい》に少年のいうことを信じなくなってしまう。そこに、本当に狼がやってきた。驚いた少年が「狼が来たぞ」といっても村人はもうだれも集まってくれない。それで少年は狼に食べられてしまった。

「だからウソをついてはいけませんよ」――これがこのお話の教訓、道徳だ。

でも君、ウソをついたことがあるだろう？　小さいウソは数限りなく（？）、思い出すと今でも心が痛むようなウソだってついたことがあるかもしれない。

ただウソをつくだけなら、道徳的には「ケシカラン」ことであっても、罰金《ばっきん》を払《はら》わされたり、刑務所《けいむしょ》に入れられるような罰を受けることはない。「バレても、親に怒《おこ》られるだけだからいいや」と思って、またウソをついてしまうかもしれないね。

ところが、君がウソをついてだれかのお金をだましとったら、補導されたり逮捕《たいほ》されたりして、場合によっては国による処罰《しょばつ》を受けなくてはならない。なぜなら日本にはそういう法律があるからだ。処罰を受けるのはだれだってイヤだから、普通《ふつう》は、ウソをついてお金をだましとる行為《こうい》に心理的なストップがかかる。「ウソをついてお金をだましとった者は国が処罰する」、つまり「ウソをついてお金をだましとってはならない！」という命令が「国家による強制」だ。

このように、法律は「国家による強制」に裏づけられたルールであるという点で、道徳とは異《こと》なってくるんだ。

法律なんて意識しない生活

世の中に法律は必要だろうか？　そう質問すれば、ほとんどの人たちは「必要に決まっている」と答えるに違いない。

でも、君は裁判所に行ったことがあるかい？

学校の課外授業で、裁判所見学に行ったことがあるかもしれない。でも、実際に自分が裁判を起こしたり、裁判で訴《うった》えられたりしたことがある人は少ないだろう。

大人だって同じだ。ほとんどの人にとって、裁判所に当事者（訴えたり訴えられたりした人）として足を運ぶなんてことは、一生に一度あるかないかの大事件だ。

じゃあ裁判所じゃなくて毎日の生活ではどうだろう。君は一日のうちで、「法律」について意識することはあるかい？　君の家族はどうだろう。

朝起きて学校に行き、授業を聞いて部活をして、友だちと遊んで、家に帰って、宿題をして、テレビを見て、パソコンをいじったりして、ベッドに入る。この中に法律の出番はなさそうだね。

君のお父さんは、毎朝、通勤電車で会社に行って、夜遅《おそ》くに帰ってきて、休日にはゴロゴロしていることもあれば、君と話をしたり食事に出かけたり。ゴルフに行く日もあるだろう。ここでも法律の出番はなさそうだ。

お母さんや兄弟姉妹《しまい》の毎日も同じだろう。あまり法律に関係があるようには思えない。だったら、人間にとって法律は本当に必要なのだろうか？

校則と法律はどこが違うのか

君は、「でもぼくは窮屈《きゅうくつ》な校則に縛《しば》られているよ。校則は法律みたいなもんじゃないか」と反論するかもしれない。

たしかに、「人間が集団で生活するときに守らなければいけないルール」という意味では、校則も法律も同じものだ。

でも、校則を守らなきゃいけないのは、君の学校に通っている生徒だけだよね。これに対して法律は日本に住んでいる人全員が守らなきゃいけない。このことはとても大きな違いだ。

君は校則からは逃《に》げられるけれど、法律から逃げることはできない。日本だけじゃなく、世界中のほとんどの国で、法律は人間にとって必要なものだと考えられており、それぞれの国ごとに、たくさんの法律が決められている。

この章の最後で、もう一回話すけれど、君が意識するかしないかに関係なく、君の生活には、法律の網《あみ》の目が張り巡《めぐ》らされている。日本にいるかぎりそこから逃げることはできない。もちろん外国に移住することはできるけれど、今度はその国の法律を守らなければならない。どこの国でも、法律を守らない人は、罰せられたり不利な扱いを受けたりする。

でも、校則はそうじゃない。君が通っている学校の校則が厳しくて我慢《がまん》できないんだったら、学校を辞《や》めてしまえばいい。卒業すれば、もちろん守らなくていい。

実際、学校の校則が耐《た》えられないという理由で学校に行くことを拒否《きょひ》したり、高校を退学したりしてしまう人たちはたくさんいる。退学してしまえば、それ以上校則は追いかけてこないからね。

辞めることもできるのに、「校則が厳しくて窮屈だ」と文句をいいながらも学校に通っているのは、不本意かもしれないけど、君が自発的に校則を受け入れているということになるんだ。本当にイヤで耐えられないのだったら、転校するか退学すればいい。義務教育の中学校だって、通わずに済ますことはできる。「体調が悪い」とか「精神的に参っている」と訴えれば、かなり長く休んでいても、卒業させてくれるよ。

ちょっと厳しいいい方だけど、「イヤだけど仕方なく」であっても、君が自分の意志で通っていることに変わりはないんだ。

遅刻軍団のぼくが「無遅刻」だったわけ

校則と法律は、ルールとしての厳しさもずいぶん違う。

ぼくの中学時代のことを話そう。

ぼくは中学校三年生のとき、毎日欠かさず遅刻《ちこく》をしていた。でも、出席簿《しゅっせきぼ》ではずっと「無遅刻」になっていた。どうしてそんなことができたのかって？　それは次のような事情があったからだ。

遅刻の常習犯だったのはぼくだけじゃない。遅刻組は、ほかのクラスの生徒も含《ふく》めて通学路で三々五々集まってきて、学校に着くときには一〇人くらいの集団になっていた。「遅刻軍団」だね（残念ながら男子ばっかりだったけど）。

マラソンって最初は集団になって走っているけど、人数が少なくなってきて、三〇キロ地点を過ぎたあたりから多くて三人くらいが飛び出すだろう。その間に、最初の集団はバラバラになってしまう。

ちょうどその逆を想像してもらえばいい。自宅を出るときにはバラバラだった生徒たちが、だんだん集まってきて、最後にはスタートしたばかりのマラソンの集団みたいになっていたんだ。

そして「遅刻軍団」の中には、クラスの書記をやっている生徒が入っていた。ぼくたちの学校では、出席簿に遅刻をつけるのは書記の役目だった。書記は、自分のことも含めて「遅刻軍団」の遅刻を一度も出席簿につけなかった。

先生は書記にすっかり任せていて、後からいちいちチェックしたりしなかった。だからぼくのクラスの生徒は、書記も含めてみんな「無遅刻」。そういうカラクリだったんだ。

そんなことして先生にバレなかったのかって?

いや、先生たちはみんな知っていた。知っていたどころか、ぼくたち「遅刻軍団」がやってくると、先生たちはさわやかな笑顔《えがお》で「やあ、おはよう諸君」と声をかけてくれた。

そんなことが許されるのかって?

何の問題もなく許される。

ぼくたち「遅刻軍団」は、堂々と校則を破り、先生たちは先生たちでそれを大目に見ていた。それは、遅刻については、「遅刻軍団」と先生たちの間で、校則を厳しく適用しなくてもいいというローカルルールができていたからなんだ。ローカルルールについては後で説明する。

ぼくたち生徒だけがいい思いをしていたわけじゃない。先生たちだって、朝っぱらからガミガミ叱《しか》らないほうが快適な一日を始められたんだ。

もちろん、周りには、一分でも遅刻したら出席簿に記録する学校もあったと思う。遅刻したら反省文を提出しなきゃいけない学校とかね。

遅刻以外の校則についても、とにかくたくさん決まりがある学校もあれば、少ししかない学校もある。中身だってみんな違う。厳しい学校もあれば、ぼくたちの学校のように大甘《おおあま》なところもある。それぞれの学校ごとに違っていてかまわない。校則ってそんなものなんだ。

でも法律はそうはいかない。

法律は、日本に住んでいる人すべてに平等に適用されることになっている。他人のお金を盗《ぬす》んだとき、東京都では逮捕されて罪になるけれど、大阪府では罪にならないというんじゃ困るよね（都道府県ごとに違っていいルールは「条例」という。条例についてはまた後で説明する）。

それから、わざと人を殺してしまったときに、「賠償金《ばいしょうきん》をくれるなら許してあげましょう」と、遺族の人がいったからといって、犯人が罪をまぬがれることはできない。警察が「じゃあ今回は大目に見て逮捕するのはやめましょう」というわけにはいかないんだ。

サッカーのルールも校則の仲間

法律と校則の違いがイメージできただろうか。

校則のようなルールはほかにもいろいろある。スポーツのルールもそうだ。

たとえばサッカーの試合をしている間は、サッカーのルールに従わなければならないよね。

悪質なファウルをすればイエローカードが出されるし、レッドカードが出されたら即《そく》退場だ。

だけど、試合が終わってしまえば、人にぶつかってもイエローカードもレッドカードも出されないし、ボールを両手で抱《かか》えていてもハンドにならない。

サッカーの試合が行われている九〇分間を学校に通っている時期だと考えれば、校則が法律でないように、サッカーのルールも法律でないことがわかるだろう。

ちなみに、ぼくの中学生時代のように遅刻を大目に見てもらえたのは、両チームと審判《しんぱん》が相談して、「この試合ではオフサイドのルールをやめよう」と合意したと考えてもらえればいい。

横浜・喫茶店追い出され事件

校則のようなルールをローカルルールと呼ぶ。ローカルとは「地方の」とか「地域の」という意味で、一定の範囲内《はんいない》で適用されるルールのことだ。

法律は、外交特権（外交官だけに特別に認められる権利のこと）のような例外を除けば、国内すべての地域で同じように適用される。これに対してローカルルールは、その団体の中、または、その地域の中でしか適用されない。

団体のルールの例としては、校則のほか、宗教団体のルールや、マンションの管理規定などが挙げられる。

地域のルールとしては、都道府県や市町村が独自に作る条例がいい例だ。

学生時代、ぼくは条例によってひどい目にあったことがある。

横浜の女子大の学生と合コンをやって、友人がお気に入りの女子大生を横浜まで送っていくことになった。

彼が「なあ、荘司《しょうじ》ぃ。横浜まで付き合ってくれないか」と頼《たの》むものだから、「二人きりになった方が親密になれるだろうに……」と思いながらも、東横線で横浜までついていった。

女の子を見送って、さあ、帰ろうと思ったら、上り電車の終電時間が過ぎていた。

それで、ぼくたちは駅前の喫茶店《きっさてん》に入ったんだ。そこは二四時間営業が売り物のチェーンの喫茶店で、コンパで終電を乗り過ごしたりしたとき、よく利用していた。

ところが午前一時頃《ころ》になったら、突然《とつぜん》店員さんがやってきて「閉店ですから出て下さい」というじゃないか。

驚いたぼくたちが「ここは二四時間喫茶だろう。どうして閉店なんだ」と店員に詰《つ》め寄ったら、「条例で二四時間営業が認められてなくてねぇ、都内の店舗《てんぽ》とは営業時間が違うんですよ。悪いですね」という答えが返ってきた。

それでぼくたちがどうしたかって？

寒い季節だったから、二人で背中合わせになって、拾ってきた新聞紙にくるまって、始発まで駅の外で座《すわ》り込《こ》んでいた。周囲には同じような若者が何人かいた。彼らもきっとあてにしていた喫茶店から追い出されたんじゃないかな。

神奈川《かながわ》県内だったのか、横浜市内だったのか、ともかくそういう条例があったんだね。

法には上下関係があって、日本では憲法が一番上（これについては後で述べる）、次が法律、その次が条例だ。

だから条例は、法律に反してはいけないし、法律の範囲を超《こ》えてもいけない。だから、「電車の中で大きな声を出したら死刑」なんていう条例をつくることはできないんだ。

もちろん校則だって、何でも禁止していいわけじゃない。憲法や法律に反することは許されない。

ちょっと前まで、公立中学では、男子の髪型《かみがた》は丸刈《まるが》り以外は禁止という校則を決めているところがたくさんあった。これについては、個人の自由を保障した憲法に違反《いはん》しているという批判が多かった。

ぼくが弁護士一年生のとき、弁護士会の人権擁護《ようご》委員会に「公立中学における頭髪《とうはつ》丸刈りの校則は生徒個人の人権を侵害《しんがい》する。このような校則を廃止《はいし》させてほしい」という訴えがあった。

ぼくは先輩《せんぱい》弁護士二人と一緒《いっしょ》に、その中学校に出向いて、どうして丸刈りじゃなければいけないのか、いろいろと事情を聴《き》いた。その結果ぼくたちは、一律に丸刈りを強制することは憲法違反だという結論に達した。そこで、そのような内容の勧告書を作成して学校に提出することにした。

そうしたら、勧告書を提出する前日に、学校は丸刈り校則を自発的に廃止してしまったんだ。ぼくたちとしては、「それならもう少し早くやってよ」という思いがあったけど、まあ結果オーライということで片がついた。

国も法律もいらない「アナキズム」

じゃあ、ここで最初の疑問に戻《もど》って考えよう。世の中に法律は必要だろうか？

君が一日の中で法律について意識することはなかったよね。校則とか、スポーツのルールとか、家の中での決まりのような、小さなまとまりの中でのルールがあれば、別に法律なんかなくても、困らないんじゃないだろうか。

そういう疑問が湧《わ》いてきたとしたら、君はけっこういいセンいってる。

なぜって？

実は、四〇〇〇年以上前から現在まで、「法律や国家は必要ない」と考えてきた人たち（思想家）はたくさんいるんだ。

君は「アナキズム」という言葉を聞いたことがあるかい？

日本語に訳せば「無政府主義」だ。政府や国家なんていらない、人間は自然な状態で仲良く暮らしていけばいい、という考え方を「アナキズム」という。

「アナキズム」を主張する人たちは「アナキスト」、日本語でいえば「無政府主義者」だ。

アナキストや無政府主義者というと、何だか危険な思想の持ち主だと思うかもしれないね。

もちろん、国家にとっては大変危険な思想だ。

だって国家が必要ないなら、国家を担《にな》う人たち（具体的には国会議員をはじめとする公務員の人たち。もちろん総理大臣や最高裁判所長官も例外じゃないよ）だっていらないことになるからね。国民全員が無政府主義思想を持つようになったら、彼らのように国民の税金で生活して国家の仕事をしている人たちは、よくて失業、最悪の場合は殺されちゃうかもしれない。

だから、国家がアナキズムをとても危険な思想だとみなすのは、当たり前だろ？

いっておくけど、ぼく自身は決してアナキストじゃないよ。

法律が人間社会に必要かどうかを考える上で、アナキズムは避《さ》けて通れない大事な考え方だから説明しているだけだ。

何よりぼくは弁護士で法律を仕事にしているんだから、法律がなくなったら商売あがったりだ（もちろんこれは冗談《じょうだん》）。

ジョン・レノンは危険な思想家?

君は、ジョン・レノンを知っているかい。

ぼくより少し上の世代にとっては、ベートーベンよりモーツァルトよりずっと偉大《いだい》な、音楽の神様といってもいいイギリスのグループ、ビートルズのリーダーだった人だ。

ビートルズが音楽の世界に与《あた》えた影響《えいきょう》は、ちょっとやそっとでは語り尽《つ》くせない。音楽の歴史全体の中で、とても大きな地位を占《し》めているといっても大げさではない。

ジョン・レノンは、ビートルズが解散した後、熱狂的《ねっきょうてき》なファンによって自宅近くで銃殺《じゅうさつ》されてしまった。四〇歳《さい》の短い生涯《しょうがい》だった。

ジョンがビートルズ解散後に発表した「イマジン」は、平和への祈《いの》りを込めた曲として、いまでも世界中で愛されている名曲だ。曲名を知らなくても、聞けばほとんどの人が「ああ、この曲か」と思うんじゃないかな。

ぼくも、中学生の頃からビートルズのかなり熱烈《ねっれつ》なファンだったから、「イマジン」の歌詞はほとんど憶《おぼ》えている。

その歌詞の中に、実は次のようなメッセージがある（もとの歌詞は英語だから、ぼくが日本語に翻訳《ほんやく》して抜粋《ばっすい》した）。

天国もなく地獄《じごく》もなく、国もなく財産もなく、すべての人々が今日のために、平和に暮らしていることを想像してごらん。

どうだろう。「国もなく」というのは、無政府主義の考え方だったよね。ジョンは、危険なアナキストだったんだろうか？

この種明かしは簡単だ。さっきもいったように、アナキズムが危険なのは、あくまで国家権力にとってのこと。アナキズムを主張する人たちは、国家や法律がなくても人間が平和に暮らせる理想の社会があると信じているんだから、普通の人にとっては危険でもなんでもない。

世界平和を願って「イマジン」をつくったジョンがアナキストでも、全然おかしくないんだよ。

人間は狼？ それとも羊？

ジョンが歌ったような理想の社会なんて絶対に実現するはずがない。人間はみんな自分のことしか考えない狼《おおかみ》だ。国家や法律がなければ、縄張《なわば》りを競《きそ》ったり財産を奪《うば》い合ったりして、争いが絶えない状態になってしまう。そう説いたのが、一七世紀イギリスのトマス・ホッブスという思想家だ。

昆虫《こんちゅう》のアリは自然の状態に放《ほう》っておかれても、仲間同士で争いを始めたりしない。しかし、人間は利己心（自分の損得だけが大事で、他人の迷惑《めいわく》を考えない心）や虚栄心《きょえいしん》（見栄《みえ》を張る心）の塊《かたまり》で、放っておくと「万人《ばんにん》の万人に対する闘争《とうそう》」が始まってしまうと、ホッブスは考えたんだ。

君は「無法状態」とか「無法地帯」という言葉を聞いて、どんな光景をイメージするだろうか。

力の強い人間がやりたい放題、暴力が支配する世の中、争いの絶えない社会……。

ホッブスも同じように考えたんだね。まさにマンガ「北斗《ほくと》の拳《けん》」（一九八〇年代にとても人気があったマンガだ。いまでもファンが多く、新たにゲーム化されたりしているようだ）の世界が、ホッブスが想像した、国も法律もない世界だ。

ホッブスが無法状態を想像するときの根っこにあったのが、「人間は狼だ」という考え方だ。「狼説」に対して、人間は羊のようにおとなしいものだと説いたのが、同じイギリスの思想家であるジョン・ロックや、フランスの思想家ルソーだ。

人間は本来穏《おだ》やかな動物で、争いは何かの間違いで偶然《ぐうぜん》に起きるにすぎない。その間違いの原因を取り除けば、法律や国家のない自然状態の中であっても、人間は平和に助け合って生きていける、という考えが「羊説」だ。

君はどちらの考えに賛成するかな？

こればっかりは、想像するしかない（「イマジン」の歌詞のように）。

すべての財は希少である

「狼説」と「羊説」の違いを、経済学的に考えることも可能だ。

経済学といっても、何か難しいことを議論するわけじゃないから心配しなくていい。

経済学には「すべての財は希少である」という大原則がある。

ここでいう「財」とは、世の中に存在する、人間の関心の対象になるものだ。たとえば金《きん》やダイヤのような貴重品はすぐ頭に浮《う》かぶよね。でもそれだけじゃなく、水や空気や時間だって「財」だ。人間の欲望を満足させるものはプラスの「財」だけど、廃棄物《はいきぶつ》や汚染《おせん》物質など、人間を不快にさせるものもマイナスの「財」として考える。

金やダイヤが希少なのはわかりやすい。

日本では、無駄遣《むだづか》いすることを「湯水のように使う」というぐらい水が豊富にあるけれど、世界的に見ればそのような環境《かんきょう》は少数派で、水は貴重な「財」だ。空気だっていくらでもあると考えられているけれど、最近の大気汚染の問題を見ていると、今後、きれいな空気はどんどん貴重なものになっていくかもしれない。

どんな財も、無限に存在するということはない。世の中、いくらでもタダで食料が手に入り、住む家があり、娯楽《ごらく》もあるなんてことは絶対ない。人間が欲《ほ》しがるものが、世の中にあふれかえり、将来にわたって途切《とぎ》れることなく与えられるということは絶対にありえないんだ。

君が欲しいと思っているテレビゲームは、だれかが仕組みを考えて、別の人が組み立てて、これまた別の人が店で売ってくれるから手に入る。彼らが働いてくれたことに対してお金を払わなかったらゲームが手に入らない、当たり前のことだよね。

君が毎朝食べるご飯やパン、卵や牛乳は、決して空から降ってくるわけじゃないし、農家の人たちやパン屋さんがタダで持ってきてくれるのでもない。君のお父さんやお母さんが働いて稼《かせ》いだお金で買っているものだ。

時間だって同じだ。お金があり余っている大富豪《だいふごう》であっても一日は二四時間で、他人から時間という「財」を買って遊ぶ時間を増やすことはできないよね。

この「すべての財は希少である」という原則に立ったとき、狼説は、法律も国家もない自然状態では、人間は他人の物の奪い合いを始める、「希少な財」をめぐる戦いが始まると考える。

それに対して羊説は、法律や国家がなくとも、みんなきちんと働いて物を生産し、それを平和的に交換《こうかん》して生きていくに違いないと考える。

いま君たちが生きている社会には国家も法律もあるんだから、羊説が描《えが》いた社会は実現しなかったように見えるよね。

でも、羊説の思想家であるロックが経済について考えたことは、現在の社会で行われている経済活動のとても重要な基礎《きそ》をつくっている。話題がちょっと横道にそれるけど、少しそのことを説明しておこう。

昔は認められていなかった「所有権」

羊説を代表する思想家の一人であるロックは、「人間は自分の生命、身体、自由を所有する。ゆえに自分の生命、身体を自由に使って得られた物は、その人間の所有物である」と『統治二論』という著書の中で書いた。

ここでいう人間は、法律も国家もない、いわゆる「自然状態」の中の人間だ。

ロックは、人間社会には、わざわざ法律をつくらなくても、互《たが》いに協力し自分たちの生命を維持《いじ》していくための法則というかルールのようなものが、最初から存在していると考えた。これを「自然法」という。そして自然法に基《もと》づいて、人間は生まれながらに自由・平等であり、「自分の生命、身体、自由を所有する」権利を持っていると考えたんだ。これが「基本的人権」だ。

そんなの当たり前じゃないかと、君は思うかもしれない。

でもロックが生きていた一七世紀、国土の大半はまだ農村で、農奴《のうど》という奴隷《どれい》制度が残っていた。奴隷制度の下《もと》では、農奴がつくった物はもとより農奴そのものもご主人様の所有物。農奴がどんなに必死に働いて作物をつくっても、その作物は自分の物にならなかった。

そんな時代に、ロックが「たとえ法律や国家がなくても自分の労力を投下して得た物は自分の物」という考えを打ち出した。

これは、奴隷や農地を独占《どくせん》してきた当時の支配階級にとっては、とても都合の悪い考えだったことは理解できるね。

自分でつくった物や自分の労力を投下してできた物の所有権を自分が持つ。所有権というのは、その物を自分の意思だけで使ったり、そこから利益を上げたり、処分できる権利のことだ。

たとえば、君のお父さんが自動車の所有権を持っているとしよう。

自動車の所有者である君のお父さんは、その自動車を傷だらけにすることもできれば、スクラップにしてしまうこともできる。また、だれかに売ることもできるし、売らずに自分で使うこともできるんだ。

このように、すべての個人が財を所有するのを認める制度を私有財産制という。

自由に売買ができる「市場」の誕生

私有財産制の下では、働けば働くほど、豊かな暮らしができるようになる。そうしたら、だれだって、一生懸命《いっしょうけんめい》働いて豊かになろうとするよね。

豊かな生活を送るためには、自分の所有物と他人の所有物をバランスよく交換しなければならない。交換のためのとても便利な道具がお金だ。

自分の所有物をお金に換《か》えるためには、自分が売ってもいい値段で買ってくれる買い手が必要だ。でもその度《たび》ごとに買い手を見つけて、一対一で値段や条件の駆《か》け引きをするのは手間がかかる。それで、たくさんの売り手と買い手が集まって、値段が折り合ったら売買が成立する「場」が誕生した。それが「市場《しじょう》」だ。

市場は、野菜とか魚とか、特定の商品を取引する具体的な場所を意味する場合もあるし、抽《ちゅう》象的《しょうてき》に、無数の売買関係全体を意味する場合もある。市場における自由な売買を基礎とする経済システムのことを「市場経済」というんだ。

東京証券取引所という名前を聞いたことがあるだろう?

東京証券取引所は株式の「市場」だ。東京証券取引所には、そこでの取引を認められた会社の株式の「売り手」と「買い手」が一斉《いっせい》に集まっている。値段さえ折り合えば、顔も知らない相手から株式を買うことができる。

コンピュータがない時代は、「立会場《たちあいじょう》」と呼ばれる場所に、実際に大勢の証券マンが集まって、黒板に値段を書いたり、指で合図したりして、取引をしていた。いまは、取引はネットで行われるようになったから、家庭のパソコンからでも参加できる。千円単位から一億円単位まで、想像を絶する数の参加者の売買を取り仕切っているのが東京証券取引所という市場なんだ。

ぐっと身近な市場の例としては、ネット・オークションがある。

もし君が、現在は販売されていない中古のCDを売りたいと思っているなら、中古ショップに売りにいくよりネット・オークションに出品した方が高い値段で売れる可能性が大きい。

中古ショップに売りに行ったら、君は値段をめぐって、お店の人と一対一の駆け引きをしなきゃいけない。でも、ネット・オークションに出品しておけば、君のレアもののCDを欲しい人が何人か現れるかもしれない。彼らが競い合えば、君はその中から一番高い値段を提示してくれた人に売ることができる。

産業革命で世界経済が急成長

こうやって、ロックの思想を背景にして私有財産制の考えが確立し、市場経済の発達とあいまって資本主義の基盤《きばん》が整備されていった。しかもこの時代は、産業革命の胎動期《たいどうき》だったから、その後、世界経済は、それまでとは比べものにならないスピードで大きく発展していった。

産業革命については、歴史の授業で習っただろうか。

紡績《ぼうせき》機械の発明などによって、生産性が飛躍的《ひやくてき》に向上し、発祥地《はっしょうち》であるイギリスを皮切りに世界中に大きな影響をもたらした。教科書ではそんなふうに説明されている。

昔は、たとえば綿花から糸を紡《つむ》ぎ、その糸から織物をつくり、という作業は、簡単な道具を使ってもっぱら手作業で行われていた。作業の場になったのは、それぞれの家庭だ。

それが短時間で大量に製品をつくれる機械が発明されたことで、機械が設置された工場に人が集まって製品をつくるようになった。作業も、最初から最後まで一人で全部つくっていたのが、工程ごとに分担されるようになった。このような仕事の仕方を「分業」という。

経済学に「ピンの理論」と呼ばれる理論がある。

ここでのピンとは画鋲《がびょう》のことだ。三人が集まって画鋲をつくるとしよう。このとき、一人で針先をつくって、押し台をつくって、針先と押し台をくっつけるより、「針先をつくる作業」「押し台をつくる作業」「くっつける作業」に分けて、三人で分担してつくった方が、同じ時間ではるかに多くの画鋲をつくることができる。分業は生産の効率を高めるということだ。

産業革命はそれに機械という大きな武器が加わったわけだから、それまでに比べてどれほど生産性が高まったかは想像できるだろう。

産業革命によって、人々のライフスタイルも大きく変わった。

君のお父さんやお母さんは、毎日会社に働きに行っているかい？　だとしたら、そのような働き方のルーツは産業革命にある。

産業革命が本格化する前は、仕事は自分の家でするのが普通だった。農家はもちろんのこと、職人も商売人も同じだった。毎日、家とは違う場所に出勤するのは役人や江戸《えど》時代の武士くらいのものだった。

それが、産業革命によって大規模な工場ができたことで、多くの人たちが家から工場に出勤して働くようになった。それは、自営でお金を稼いでいた人たちが、工場の持ち主に雇《やと》われて、そこから給料をもらって生計を立てるようになったことを意味している。

工場や機械などの生産手段を持って、労働者を雇って利益を上げる人のことを資本家といい、産業革命によって成立した経済システムを資本主義という。

資本主義について説明を始めると長くなるからここでは省略する。けれど、資本主義の最も大切な要素は、これまで話してきた私有財産制度と自由市場だということは、憶えておいてほしいな。

名誉と嫉妬が原因の戦いはいつの時代も

資本主義経済の下では、自分で生産した物が自分の所有物になる。それを自由にお金に換えることができる。最新の機械を取り入れたり、人をたくさん雇うなど、一人ひとりの工夫《くふう》でどんどん生産量を増やすことができる。だったら、他人の物なんか奪っているより、自分で努力する方がいいよ。「万人の万人に対する闘争」なんて起きないんじゃないか?

君はそんな疑問を持つかもしれない。その疑問は実に正しい。

実は、ホッブス自身、「希少な財」を取り合うために「万人の万人に対する闘争」が起こるとは本気で考えていなかったようなんだ。

じゃあ、法律も国家もない自然状態で、人は何を求めて闘争するのか?

ホッブスは「万人の万人に対する闘争」が起こるのは、人間が持っている「名誉《めいよ》」と「嫉《しっ》妬《と》」が真の原因だと考えていた。

これには、ホッブスが「名誉」と「嫉妬」が渦巻《うずま》いていた当時のヨーロッパの貴族社会に生きていたことが大きく影響している。

貴族というのは、その人がどんな能力がありどんな仕事をしたかでなく、家柄《いえがら》や宮廷《きゅうてい》での位によってすべてが決まってしまう身分だ。だから、少しでも上の位に引き立ててもらうために、みんな、どうしたら王様に気に入られるかということに熱心になるし、他人からの評判をとても気にする。ホッブスはそのような社会に生きた経験から、狼説という人間観をつくりあげたんだ。さぞかし、ドロドロの世界だったんだろうね。

でも、当時のヨーロッパ貴族社会でなくても「名誉」と「嫉妬」で闘争は起こる。

「名誉」と「嫉妬」といって、現代の社会でまず思いつくのは政治の世界だろう。

スマップの木村拓哉《たくや》さんが出ていたテレビドラマ「ＣＨＡＮＧＥ（チェンジ）」を見たかい？　その中でも、木村さんが演じる若い総理大臣に、「権力欲と嫉妬が渦巻いているのが政治の世界だ」とだれかが忠告する場面があった（あまり記憶《きおく》が正確じゃないが）。

「名誉」と「嫉妬」が原因の戦いは、君の身近でも起こる。

たとえば、君と同じクラスに、女子生徒にモテモテのＡ君がいたとしよう。

実は、君だってルックスもまずまずだし勉強もスポーツもけっこうできるから、Ａ君ほどではないにしろ、女の子にはモテる方だという自信があった。そして君には、以前から思いを寄せていた女の子Bさんがいて、いつか告白しようとチャンスをうかがっていた。

ところが、ある日、校舎の裏側で、BさんがA君に告白するのを偶然に見てしまった。

そのときの君の気持ちはどうだろうか？


「Aなんかよりぼくと付き合う方がずっといいよ」「Aはほかの女の子にモテモテなんだから、なにもBさんと付き合わなくてもいいじゃないか」「頼むから彼に振《ふ》られてくれ」……。そう、Bさんの不幸まで願ってしまうかもしれないね。

ましてや、A君とBさんが付き合うことになったとしたら。君はA君を憎《にく》んで、殺したいとまで思うかもしれない。

これは全然大げさな話じゃないよ。恋愛《れんあい》関係のもつれが原因の殺人事件なんて、世間では全然珍《めずら》しくない。


このように、人間が「名誉」と「嫉妬」を持っているかぎり、経済的にどんなに豊かになっても、殺し合いが絶えることはない。だから法律で押《お》さえ込まなきゃいけないと、ホッブスは考えていたんだね。

国家と法律はあった方が便利

ホッブスの考えに対して、たとえ「自然状態」になったとしても、世界はそれほど変わることなく、人間は普通に暮らすだろう。理想の社会とまではいわないけれど、そこそこ幸福に、平和に、暮らしていける。人間はそれほどご立派《りっぱ》なものではないけれど、狼というほどでもない。そう説いたのがロックだった。

そもそも、ロックという人は何事も極端《きょくたん》なことを嫌《きら》った。中庸《ちゅうよう》の徳（何事も極端に走らずに、両極端の間をとったほどほどのところが一番だという考え方）というか優柔不断《ゆうじゅうふだん》というか、「まあ、そうカリカリしないで大雑把《おおざっぱ》に考えようぜ」というのがロックの思想の特徴《とくちょう》だ。

ただ、ここで一つ、大事なことをいっておこう。

ロックは、それでも、法律や国家はあった方がいいと考えていた。

なぜか？

ひと言でいってしまえば「だって不便じゃない」というのがロックの結論だ。

おとなしい羊だって、喧嘩《けんか》ぐらいすることはあるだろう。「万人の万人に対する闘争」とまではいかなくても、ときには殺し合いになることだってあるかもしれない。そういう事態を防ぐためには、国家権力をバックグラウンドにした警察があった方が都合がいいよね。

またお金というものも、実は国家や法律のお墨《すみ》つきがないと、なかなかうまく回らない。お金で物を買ったりサービスを受けるためには、そのお金がちゃんと使えるものだと、信頼《しんらい》されていなくてはならない。そのためには、国が「この国ではこのお札や硬貨《こうか》が使えますよ」と法律で決めてくれるのが一番なんだ。

国家を否定して、お金も使えないということになったら、ずいぶんと不便だよね。

「みんなが殺し合うことのないように法律や国家が必要なんじゃ！」とホッブスが力説しているのに対し、「そんなことありませんよ、ホッブスじいさん。自然状態になってもみんな平和に暮らしていけますぜ。法律や国家？　ああ、ああいうものがあるのはね、ないと不便だからですよ」とロックがいっている姿を想像すると、おかしくないかい？

ホッブスとロックは同じイギリス人で、生きている時代も重なっている。ホッブスが六二歳の時にロックは一八歳の学生だった。二人の間では、本当にこんなやりとりがあったのかもしれないよ。

羊説を唱えたもう一人の思想家ルソーは、ホッブスやロックに比べると、法律や国家のない「自然状態」を、より強く愛していた。ルソーはフランス人で、そのように考えた背景には、一八世紀フランスの社会状況が深く関《かか》わっている。

当時、フランスの平民は、重い税金に苦しめられていた。聖職者や貴族との、身分の違いによる不平等もひどくて、政治的にほとんど何の権利も認められていなかった。

大昔の自然状態はそれとは反対で、人間は平等で平和な生活を営み、他人に対する思いやりの心も持っていたと、ルソーは訴えたんだ。

もっとも大昔に本当にそのような平等で平和な社会があったかどうかは、ルソーがタイムマシンに乗って昔を見てきたわけじゃないから、わからない。あくまでルソーの想像にすぎないし、「そういう社会があったらいいな」という憧《あこが》れも混ざっていたんじゃないかな。

そして、ルソーもやっぱり、法律や国家はあった方がいいと考えていた。ホッブスもロックもルソーも、それぞれ理由は違うけれど、結論はほぼ同じだったということだね。

国家や法律の存在意義について、三人に共通する考え方を「社会契約説《けいやくせつ》」と呼ぶ。次は「社会契約説」について説明していこう。

国家は警備会社という考え方

社会契約説とは、個人は国との間で、税金を納める代わりに、防衛と警察で自分たちを守ってもらう契約を結んでいるという考え方だ。防衛とは主に軍隊のことで、外国の脅威《きょうい》から国民を守る。警察は主に国内の犯罪行為を取り締《し》まる。

わかりやすくいえば、国家という警備会社と契約をして、自分たちの安全を守ってもらうようなものだね。

社会契約説の立場に立てば、国家は人間社会に最初から存在するものじゃなくて、人間が、自分たちの生命や身体や財産を守るために、契約によってつくったものということになる。

国民の身体や財産を守るという契約を果たすためには、国家は、ある国民が他の国民の身体や財産を害することを、事前に防止しなければならない。

だから、国民と国家の契約の中には「正当な理由なく他の国民の生命や財産を害した国民に対して、国家が罰を与える」という内容が必ず含まれている。

これによって国民は「他の国民を殺したりしたら国家からひどい罰を加えられるからやめておこう」という気持ちになるし、現実に他の国民を殺したりしたら国家から厳しい罰を受けることになる。

でも、人を殺した人間は、すぐに国家との契約を解除して、罰を受けることを逃《のが》れようとするんじゃないかって？

それはできないんだよ。いったん国民と契約をした国家は、犯罪者が契約の解除をしようがしまいがその者に罰を与えて、殺された国民に代わって仕返しをするからだ。逃げ得を許したのでは契約の意味がないからね。

そしてそういうルールが法律として定められ、広く国民に知られることによって、将来的に犯罪が起こることを防げる、という仕組みになっているんだ。

「神の見えざる手」に任せればパイが大きくなる？

社会契約説がイメージしている国家とは警備会社のようなものなのだから、国民が安全に暮らすために、防衛と警察だけをやってくれればいい。

この考えをさらに推《お》し進めて、国はそれ以上、余計なところに口を出してはいけない、法律も防衛と警察の範囲内のもの（日本でいえば防衛省と警察庁に関連する法律。外務省も入るかな）だけでいい、後は「神の見えざる手」に任せておけばすべてうまくいくのだ、と説いたのが、イギリスの経済学者のアダム・スミスだ。『国富論』という著作は当時のベストセラーになったんだよ。

スミスは、経済が成長して人々が幸福になるためには、産業の生産性を上げることが重要だと考えた。スミスの主張は「パイの理論」ともいわれる。

その国の全国民の食べ物が一つのパイになっていると考えてみよう。

アメリカや日本では、食べる物に困っている人はほとんどいない。日本には、カロリーのとりすぎで、肥満になったり糖尿病《とうにょうびょう》になったりするホームレスだっているぐらいだ。

それに比べて、アフリカの貧しい国には栄養不良の子どもたちがたくさんいる。

これは、日本のパイがアフリカの貧困国《ひんこんこく》のパイより圧倒的《あっとうてき》に大きいからだと考えるとわかりやすい。

日本のホームレスの人たちが、日本のパイの一%しか分けてもらえないとしても、パイ自体がものすごく大きいから、一人の分け前も大きくなって、飢《う》えることはまずない。

これに対して、アフリカの貧困国の子どもたちが、その国のパイの八〇%を分けてもらったとしても、パイ自体がすごく小さいから、一人ひとりに行きわたる量はとても少なくなってしまうんだ。

スミスは、パイを大きくするためには二つのことが大切だと考えた。

第一は、機械設備や労働者を集めることによる生産技術の発展だ。さっきも話したように、スミスが生きていた一八世紀は産業革命によって、生産技術がものすごい勢いで進歩した時代だ。

第二は、生産技術の発展によって生み出された製品や商品を売り買いできる市場の発展だ。市場を発展させるには、市場を自由にすればいい。国家がいろいろ口出しせず、自由な競争に任せるのが一番いいんだと、スミスは考えた。自由な競争に任せることを「レッセ・フェール」、日本語では「自由放任」という。

自由に競争させておけば、後はまるで神様が勝手にうまく調整してくれるように、パイはどんどん大きくなる。この「神の見えざる手」に任せる考え方は、経済学の「古典派」と呼ばれるグループの基礎になった。

自由放任主義がもたらした悲劇の結末

しかし、「神の見えざる手」に任せて、自由に競争をさせておいたら、スミスのお膝元《ひざもと》であるイギリスでは、労働者が悲惨《ひさん》な状況《じょうきょう》におかれることになってしまった。

余談だけど、「イギリス」といういい方は、本当は正しくない。英語では「The United

Kingdom of Great Britain and Northern Ireland」。イングランド、ウェールズ、スコットランド、北アイルランドという、それぞれ民族が異なる四つの地域がまとまって一つの国を構成しているので、正確には「連合王国」と呼ぶべきなんだ。

ここで余談を入れたのは、スミスはスコットランドの出身で、イングランドにあるオックスフォード大学の悪口をいいまくっていたことを話したかったからだ。

スミスはオックスフォード大学出身なんだけど、当時、イングランドでは、スコットランド出身者が冷たい目で見られることが多かった。スミスにはそのときの恨《うら》みつらみがたまっていたんだろうね。

オックスフォード大学では、教師が固定給（定期的に決まった金額のお給料をもらうこと）で働いているため、ろくな授業をしない。しかもみな、バカばっかり。こんなところで学ぶものは何もない。スミスはそのように、オックスフォード大学をコテンパンに批判した。しかも、大ベストセラーとなった『国富論』の中でだ。

ちなみに、スコットランドの大学では、教師は収入のうち四〇%だけを大学から固定給として受け取り、残りは、授業を受ける学生が教師に支払ったんだそうだ。もし、休講なんてことになったら、補習をするか、その分のお金を学生に返さなければならない。教師にとってはずいぶん厳しい制度だったんだね。

話を戻そう。レッセ・フェール（自由放任）によりパイが大きくなれば、国民全員がその分け前にあずかって、豊かな暮らしができるはずだった。でも実際そうはならなかった。工場を経営したり広く商売をやっている経営者たちは、自分たちがお金持ちになるためには、労働者を安い賃金で長時間にわたって働かせればいいと考えた。

それに逆らったらすぐクビにされてしまうから、労働者は辞めることができない。経営者にとって都合のいいように「生かさず、殺さず」という状態でこき使われるようになってしまった。

その結果、お金持ちはますますお金持ちになり、貧しい人はどんどん貧しくなる。貧富の差の拡大だ。

最近は日本も格差社会になったなんていわれるけど、そんな生易しいもんじゃない。社会の教科書で見たことがないかな？　石炭を掘《ほ》るために、ものすごく狭《せま》い地下の穴蔵《あなぐら》に、体を小さくして入っていく炭鉱労働者の絵を。

自由競争の結果、イギリスの経営者たちはどんどんお金持ちになったけど、労働者は、低賃金な上に、いまでは想像もできないような重労働と長時間労働を強《し》いられて、散々な生活を送る羽目になってしまったんだ。

多くの人間が、毎日の食事にも事欠くような悲惨な状態に置かれると、社会ではどういうことが起こるかわかるかい？

そう、犯罪の増加だ。

背に腹は代えられないから、食料を盗む。そのために人を殺してしまう者も出てくるだろう。

治安が悪化し、労働者たちの不満が増大するのは、国家にとっては極《きわ》めて都合が悪い。必ずこれが「治安の悪化」と呼ばれる状態だ。

現在の政府を倒《たお》そうとする動きが出てくるからね。

実際、ヨーロッパでは一八世紀の終わりにフランス革命という革命が起きて多くの人の血が流れている。また、二〇世紀に入ってからは、革命によって資本主義を打倒《だとう》しようという社会主義運動も台頭しつつあった。

さすがにこれはマズイということで、国家が国民の最低限度の生活を確保する、社会保障制度を整えようという動きが出てきたんだ。

たとえば、いまの日本にある、労働者の最低賃金を決める法律、労働時間を制限する法律、働けない人には税金で最低限度の生活を営めるだけのお金を支給する法律のようなものだ。労働者が団結して経営者と労働条件について話し合ったりする法律、いざというときにはストライキをする権利を保障した法律も、労働者を守るためのものだね。

このようにして、従来の警察・防衛に加えて社会保障関連の法律がつくられ、今の日本の厚《こう》生《せい》労働省のような新しい役所もできてきた。

どんどん増える法律、大きくなる政府

法律というものは、いったん増え始めると、後は勢いがついてどんどん増えていく運命にある。

なぜなら、一つの法律で何かを決めると、その法律に関係はするけれど、直接にはその法律ではカバーできないことが必ず出てくる。そこをカバーするためには、その法律を改正するか、新しい法律をつくらなくてはならない。

そして新しい法律ができたら、古い法律を廃止すればいいのだけれど、一度つくってしまった法律を廃止すると、その法律を運用して仕事をしていた役所や部署を廃止しなければならない。

役所や部署を廃止すると、その役所や部署で権限を握《にぎ》っていた人たちやそこから仕事をもらって生活していた人たちが猛《もう》反対をする。このように、法律を廃止すると自分たちの縄張りが狭くなったり、仕事を失ってしまう人が出てくることから、だれが見ても時代遅《おく》れの法律や、新しい法律と重複する無駄な法律が生き残ってしまう。

こうして法律が増えるのにともなって、役人の仕事が増える。つまり国の仕事が増えるということだ。国防と警察と、せいぜい外交だけをやっていればよかった国家は、法律が増えるのに従って、どんどん肥大化してしまった。これが「大きな政府」だ。

ちなみに、君は日本の政府だけがとても大きな政府で非効率だと思っていないかい？　新聞やニュースはよく、「公務員が多すぎる」とか「税金の無駄遣い」などと批判しているよね。

実は、先進国の中では、日本はどちらかといえば「小さな政府」なんだ。

国家による保障が手厚い北欧《ほくおう》諸国だけでなく、自由放任の国といわれるアメリカでさえ、日本と比べると「大きな政府」だ。

そもそも、政府が大きいことと無駄が多いことがイコールというわけじゃない。「大きな政府」でも、効率的に機能して、国民の福祉《ふくし》の向上に役立っているなら、何も問題はない。学力が世界一といわれるフィンランドなんかは、うまくいっている例かもしれないね。

目に見えない法律の網の目

さて、最初に話を戻そう。

ふだん、君が法律を意識することはほとんどなかったよね。

ところが、現実には、君の生活には法律の網の目が張り巡らされている。


朝、目が覚めた君の家は、だれの持ち物だろう？

借家だったら、君がそこに住んでいられるのは、大家さんとの間で賃貸借契約《ちんたいしゃく》という契約を結んでいるからだ。貸している人・借りている人がそれぞれ何をしなければいけないか、何をしてはいけないかは、契約書に書いてあるほか、民法や借地借家法《しゃっか》という法律で決められている。

君のお父さんやお母さんの持ち物であれば、不動産登記法という法律に基づいて所有権が登記されている。これにより、君のお父さんやお母さんの持ち物であることを、はっきりさせることができる。

住宅ローンを利用しているなら、お父さんと銀行との間で金銭消費貸借契約という契約が結ばれているはずだ。この契約も、民法とか利息制限法という法律に基づいている。

そして、一戸建てでもマンションでも、建物は建築基準法の決まりを守って建てられたものだ。

朝食をつくってくれるのはお母さんだろうか。君が未成年だったら、親権者という君を管理監督《かんとく》してくれる人が必要で、食事の用意は、親権の一部である監護権《かんごけん》に基づく行為とみることができる。親権について定めているのは民法だ。

朝食で食べるパンや卵は、お母さんやお父さんがスーパーから買ってきたものかもしれないし、親戚《しんせき》や知人からもらったものかもしれない。スーパーで買うことは、スーパーとの間で売買契約を結ぶことだし、人から物をもらうと贈与《ぞうよ》という契約になる。どちらの契約も民法上の契約だ。

パンや卵など、お店で買ってくる食品には消費期限や賞味期限がついているよね。これは食品衛生法という法律で決められていることだ。

学校に行くために道路を歩くときには、道路交通法という法律を守らなきゃいけない。

こんなに法律にがんじがらめになっていたら、息が詰まりそうだと思うかもしれない。

たしかに、「ああしなさい」「こうしなさい」「あれをしちゃダメ」「これをしちゃダメ」と、決まり事だらけの世の中は窮屈だよね。

でも、これまで話してきたように、法律は、個人の生命や身体や財産や、人間として最低限度の生活を守るために、国民が国家と契約を結んで定めたルールでもある。「規則ばかりで窮屈だ」ということと、「守られている」ということは、紙の裏表みたいなものなんだね。

「自然状態」はいつでも君の前に現れる

最後に君はつぶやくかもしれない。

日本には「自然状態」はないのだろうか？

ルソーが憧れていたような、理想の楽園はもう実現しないのだろうか？

実は、現代の日本でも、自然状態はいつでもどこでも発生する可能性がある。

君がこの本を自宅で読んでいる最中、だれかが君の家に忍《しの》び込んで、ナイフを持って飛びかかってきたとしよう。

君が侵入者《しんにゅう》に向かって「ぼくを殺すと刑法一九九条によって殺人罪になるぞ！　ついでに、物を脅《おど》し取っていったら強盗《ごうとう》殺人になって死刑又《また》は無期懲役になるぞ」と叫んでも、そいつがそんなことお構《かま》いなしで襲《おそ》ってきたら（九九％、お構いなしだろうね）、だれかが助けにきてくれるまでの間、君は自力で自分の身を守らなければならない。

近くにバットでもあったら、自分の身を守るために、君の方も侵入者に殴《なぐ》りかかるだろう。国家や法律の手が及《およ》ばない、侵入者と君との闘争状態。これは、まぎれもなく自然状態だ。

もし君が殺されて犯人が逮捕されれば、犯人は「住居侵入罪」と「殺人罪」で処罰される。でも、君の命は返ってこない。

君のお父さんやお母さんは、国家に税金を払って家族である君の生命を守ってもらう社会契約を交わし、その結果として君の身の周りには法律の網の目が張り巡らされている。しかし、国家がすべての国民の生命を確実に守ることは絶対に不可能だ。

どんなに網の目を細かくしても、法律の力が及ばない瞬間《しゅんかん》・空間がある。法律には限界がある。その限界を超えた事件や事故がいつ君の身に降りかかってきても決して不思議じゃないことを、本章の最後にしっかり胸に刻み込んでおいてほしい。

第2章 ぼくの正義、君の正義、みんなの正義

自由と権利を守るための基準

前章では、「法律は必要か？」について論じてきた。

ホッブスやロックやルソーなどの思想家が、法律や国家というものがまったくない自然状態というものを想定し、その結果として、国民の「生命、自由、財産」を守るために国家と法律が必要だということになった。

そして、当初は、防衛、警察くらいの役割を国家が果たすことのできる法律さえあればいいと考えられていたものの、自由競争によって生じる貧富の格差を是正《ぜせい》するために、社会的弱者を保護するための法律が必要になったということを論じた。

しかし、法律は、一度決めたら、後は放っておけばいいというものじゃない。ぼくたちは絶え間ない努力によって法律が実現しようとした価値を守り、よりよい社会をつくるために発展させていかなければならないんだ。

日本の法制度の中で最も尊重しなければならない日本国憲法にも、こう書いてある。

この憲法が国民に保障する自由及び権利は、国民の不断の努力によつて、これを保持しな

ければならない（一二条前段）

この憲法が日本国民に保障する基本的人権は、人類の多年にわたる自由獲得《かくとく》の努力の成果であつて、これらの権利は、過去幾多《いくた》の試練に堪《た》へ、現在及び将来の国民に対し、侵《おか》すことのできない永久の権利として信託《しんたく》されたものである（九七条）

「努力」という言葉が二度も出てくるんだね。

では、基本的人権を保持し、その保障を発展させていくために、ぼくたちは具体的にはどのような努力をすればいいのだろうか。

まずは選挙権の行使が頭に浮かぶ。

いまの日本では、法律をつくるのは国会で、国会のメンバーは、国民が選挙で選出する国会議員であることは知っているよね。

君が成人して選挙で投票できるようになったとき、個人の基本的人権を害する法律をつくろうとしている候補者に投票し、その候補者が当選して、とんでもない法律ができてしまったとしよう。そうしたら、めぐりめぐって、その法律によって被害《ひがい》を受けるのは君自身だ。

また、裁判員制度で裁判員になって、人を裁く立場になるときもある。そのときは、基本的人権を侵害するような判断は許されない。

このように、基本的人権を尊重し、発展のための努力をするとき、ぼくたちは何を基準にしたらいいんだろうか。

その基準となる概念《がいねん》が「正義」だ。

正義に立脚《りっきゃく》して法律をつくり、正義に立脚して法を運用することによって、究極の価値である個人の基本的人権を保持、発展させることができるとぼくは考えている。

実際、ぼくは弁護士として幾度となく法廷《ほうてい》に立ってきたけど、その度に「この事件を正義に基づいて解決するにはどうしたらいいのだろう？　いったいどうしたら正義が実現されるのだろう？」と自問することが頻繁《ひんぱん》にあった。

このように「正義」という概念は、個人の基本的人権を尊重し発展させていくための指針となるものだとぼくは考えている。

実はよくわからない「正義」の中身

でも君は、「正義」っていったいどういうことなのかを考えたことがあるかい？

先生や大人たちに「正義感を持ちなさい」とか「正義に照らして自分のやったことを反省しなさい」などといわれたこともあるだろう。

正義という言葉は、頻繁に使われているわりには、どういう意味なのか、使っている本人もはっきりわかっていないことがとても多いと思う。

ぼく自身、「正義」は重大な指針だと述べておきながら、きっぱりとひと言で「正義とはこういう概念である」と断定する自信はまったくない。

だって、古代ギリシャ時代の哲学者《てつがくしゃ》から現代の哲学者に至るまで「正義とは何ぞや？」ということを議論しているくらいだからね。

そこで、本章では、いろいろな「正義」についての考え方を紹介《しょうかい》しながら、正義とは何だろう、ということを君と一緒に考えていきたいと思う。

正義と悪の区別が難しくなった現代

よく「正義の味方」というキャラクターが子ども向けテレビ番組に登場してくる。アンパンマンもそうだね。

ぼくが小さかった頃は、子ども向けのテレビ番組やマンガでは、正義と悪がしっかり区別されていた。もっとさかのぼって、江戸時代の物語、たとえば『南総里見八犬伝《なんそうさとみはっけんでん》』などでも、正義と悪ははっきり分かれていた。

悪が人類を征服《せいふく》しようとしたり、普通の人たちに危害を与えたりしているところに、正義の味方が颯爽《さっそう》と登場してきて悪をやっつける。このようなストーリーを「勧善懲悪《かんぜんちょうあく》」（善を勧《すす》めて悪を懲《こ》らしめる）と呼ぶ。聞いたことがあるだろう？

でも、そのような素朴《そぼく》な時代はいつの間にか終わりを告げ、アニメでも正義と悪の区別がつけられなくなった。

君は「宇宙戦艦《せんかん》ヤマト」というアニメを知っているかい？

二〇〇九年から二〇一〇年にかけて最新版のアニメ映画と実写版がつくられたけれど、もともとは、一九七四年から七五年にかけてテレビアニメとして毎週放送された作品だ。その後、何度か映画にもなった。

残念ながらぼくは映画版しか見ていないのだけれど、テレビ版はおおよそ、次のようなストーリーだった。

地球はガミラスという惑星《わくせい》から攻撃《こうげき》を受けていて、地上は放射能だらけになってしまい、地下に逃げた人類も滅亡《めつぼう》寸前だった。

ガミラスが地球を放射能だらけにしようとしたのは、ガミラス星の寿命《じゅみょう》が尽きつつあり、地球上を放射能だらけにして、放射能の中でしか生きていけないガミラスの人々を移住させようという目的だったんだ。

そこへ、イスカンダル星の女王スターシャから地球にメッセージが届き、人類の最後の夢を託された「宇宙戦艦ヤマト」がイスカンダル星に放射能除去装置を取りに行くんだ。

当然、地球を放射能だらけにしようとしているガミラスとしてはヤマトに放射能除去装置を持っていかせるわけにはいかない。

ガミラスの総統で何ともキザな男デスラーとその部下たちがヤマトにしつこく攻撃を加える。最後のヤマトとガミラスの戦いは、ガミラス星の中で行われ、結果的にヤマトによってガミラス星は破壊《はかい》し尽くされるんだ。

そのとき、ヒロインの森雪が次のようなことをいった。

「私たちは何ということをしてしまったの……。ガミラスの人たちだって、ガミラス星の寿命が近づいてきたから仕方なく地球を放射能だらけにして移住しようとしていたのに……」

どうやらこの時代、それまで慣れ親しんだ「正義が悪をやっつける」という考え方とは異なる、「双方《そうほう》にそれぞれの正義がある」という考え方（こういう考え方を「価値観の相対性」という）に目覚め、感動し共感した若者がたくさんいたようだ。

「どちらも自分たちが生き残るために相手を攻撃し、戦争になった。自分たちも早くそういうことに気づかなければならない」

という投書が雑誌などにいろいろ掲載《けいさい》されているのを、ぼくは見た憶えがある。

それまで「正義対悪」というテレビ番組を見て育った若者たちにとっては、「どちらの側にも正義がある」というのがとても新鮮《しんせん》だったんだね。

争い合っているどちらの側にもそれぞれの「正義」があるということは、現実社会では当たり前のことなんだ。強いていってしまえば、完全な「悪と正義の対立」なんてものは滅多に存在しないのが現実の世の中なんだ。

アメリカの対テロ戦争や中東戦争（紛争《ふんそう》）などは、どちらの側もそれぞれの「正義」を持って戦っている。正義対悪の戦いじゃない。正義対正義の戦いなんだ。

アリストテレスの考えた「正義」

ここからは、昔から最近までの哲学者の考えを駆け足でたどりながら、「正義」について一緒に考えていくことにしよう。

いっておくけど、ここで紹介する様々な哲学者の考え方は「ぼくの理解」というフィルターを通したものだ。

もし、彼らがこの世に生き返ったとしたら「ワシの考えはそんなものじゃないぞ！」と叱られるかもしれないけど、大事なところはちゃんと押さえているはずだ。最初にそれを念頭に置いておいてほしい。

最初の登場人物は、古代ギリシャの哲学者であるアリストテレスだ。

アリストテレスは『ニコマコス倫理学《りんりがく》』第五巻で、正義を大きく「一般的正義」と「特殊的《とくしゅ》正義」に分けて論じている。

「一般的正義」とは、勇敢《ゆうかん》、節制などあらゆる「徳」を含んだ最高のものに従うことと説かれている。

そんなふうに説明されたってわかるものか？　君は怒るかもしれないね。ぼくも同意見だ。ただ、アリストテレスの師匠《ししょう》である哲学者プラトンは、「イデア」という完全な善のようなものを信じていた。その流れを見れば、世の中には絶対的な理想があると弟子であるアリストテレスが信じるのもうなずける。

しかし、絶対的な理想や善というあまりにも広い概念では、ぼくたちの指針にならないことはいうまでもない。

アリストテレスの二つの正義のうち、後世への影響がより大きかったのは「特殊的正義」の方だ。

そして「特殊的正義」はさらに二つに分けられる。「矯正的《きょうせい》正義」と「分配的正義」だ。

「矯正」には、「ゆがんだものを正しく戻す」という意味がある。「矯正的正義」とは文字通り、何らかの不均衡《きんこう》や不公平が意図的に行われたとき、それを元に戻すことをいう。

たとえば、君が友人に一万円貸したのに返してくれないとき、それを返させて元の状態に戻すこと。犯罪を行った者を処罰したり被害者に賠償金を支払わせたりすること。これらはいずれも矯正的正義の実現だ。いまの時代にも十分に通用する考え方だろう？

特殊的正義のもう一つは「分配的正義」だ。

財産や権力などは、各人の価値に応じて比例的に分配するべきだというのが、その基本的な内容だ。

各人の価値の内容について、アリストテレスは明確に述べていない。ただ、財産や権力などという一定の基準を設け、それに応じて分配することが正義の大きな要素であるという考え方は、その後の哲学者たちに大きな影響を与えた。

アリストテレスより三〇〇年ほど時代が下った、ローマの哲学者キケロの「各人にかれのものを帰属させること、それこそが最高の正義である」という言葉も、「分配的正義」に相通じるものだ。

「パイをどう分けるか」は正義の問題

「分配的正義」はどんなときに問題になるのかって?

たとえば、翔太《しょうた》君、誠《まこと》君、亜紀《あき》さん、そして夏美《なつみ》さんは四人でパイをつくることにした。

翔太君は材料を買い込む役割、誠君は材料を刻む役割、亜紀さんは生地《きじ》をこねる役割、夏美さんは生地を焼く役割と決まった。

ところが、誠君が急に熱を出して寝込んでしまったため、材料を刻む役割は残りの三人で力を合わせて行った。

さて、できあがったパイをどう分配するか？

誠君は何もしなかったので分配はゼロでいいのだろうか？

それとも、熱を出して栄養をとらなければならないから、誠君の分を他の三人より多めにすることが正義にかなうのだろうか？

これが「分配的正義」の問題だ。ふうん、なんだそんなことかって思うかもしれないね。ただ、問題になっている場面自体はわかりやすいけど、答えを出すのは難しい。残念ながら、アリストテレスの考えからは、ぼくは答えを導くことができなかった。アリストテレスの書物だけでなく他の概説書も読んだけど、こういう具体的なケースでの分配方法が定《さだ》かじゃないんだ。ぼくの理解不足かもしれないけどね。

君だったらどう考えるだろうか？

誠君に余分にあげるのは抵抗《ていこう》があるけど四等分ならいいんじゃないか、という答えもありだと思うよ。

経済学では「パイをどう大きくするか」だけ考える

ここで少し横道にそれるけど、経済学と「分配的正義」について述べておこう。

経済学の目的は「現に存在する資源を効率的に〈配分〉してできるだけ大きなパイをつくること」であり、法律学や政治学でいう「〈分配〉の正義」とは、できあがったパイをどのように分けるかということだ。

いったいだれが翻訳したのか知らないけど、〈配分〉と〈分配〉は、それぞれ意味が違う。経済学における資源配分とは、四人をそれぞれ最も得意な作業に配置すること、いってみれば適材適所のようなものだ。

それに対して法律学や政治学の分配は、既《すで》にあるできあがったものを分け与えるという意味で使われる。

第1章で述べたように、一七世紀、イギリスのアダム・スミスは、個人の財産を守り、財の交換の場である市場を自由にしておくことで、パイは最も大きくなると考えた。各人の自由な競争に任せておけば、「神の見えざる手」によって生産性は向上し、富は最大になるというものだ。

このような考え方は、経済学の世界では古典派と呼ばれた。資源配分の効率性を重視し、パイを最大にすることを考えたアダム・スミスは、今日、「経済学の祖」といわれている。

実はスミスの時代には、大学で「経済学部」や「法学部」が区別されていなかった。スミスが一七六三年頃に、グラーズゴウ大学の道徳哲学教授として行った法学講義の筆記録の翻訳本は、『法学講義』という名前で日本でも出版されている。

話を「神の見えざる手」に戻そう。

たとえば、君が、朝食においしいパンを食べることができるとしても、それはパン屋さんの君に対する善意によるものじゃない。パン屋さんは、他の店よりもおいしいパンを焼くことによってお客さんを増やし、たくさんのお金が儲《もう》かるからやっている。

つまり、競争があるからこそ、どのパン屋さんも他の店に負けないおいしいパンを焼こうとして一生懸命がんばるわけだ。

競争に負けてしまったら、倒産して店じまいしなくちゃならないからね。

もし、政府が自由競争はよくないといって、どんな味かに関係なく、同じ重さのパンは同じ値段で売らなくちゃいけないという法律をつくったらどうだろう。重さだけで値段が決まるなら、材料費をできるだけケチって儲けようとする店が増えるだろうね。ぼくとしてはそういうパンはごめんこうむりたい。想像するだけで恐《おそ》ろしいよ。

服屋さんも家具屋さんも、値段が安くていいものを売ろうとして一生懸命に競争する。競争の中で創意工夫が生まれて商品の生産性が上がる。

フォード・モーター・カンパニーという、アメリカの自動車会社がある。世に出始めの頃、自動車の値段はとても高かった。それが、フォード・モーターの創始者であるヘンリー・フォードが自動車の大量生産に成功し、それまでは考えられないような安い値段で自動車を売るようになった。その結果、フォード・モーターはアメリカを代表する自動車メーカーに成長した。

フォードの成功は、自動車産業の競争の中で勝ち残るという競争原理によってもたらされた。まさに「神の見えざる手」によって実現された技術革新といえるだろう。

スミスや、ほぼ同じ時代のリカードなど、イギリスの思想家が絶えず考えていたのは、「どうやってパイを大きくするか」ということだ。彼らは、「パイをどう分けるか」という分配の問題にはほとんど関心がなかった。

パイが十分に大きくなりさえすれば、ほんの少ししか分配されない人たちでもそれなりに贅《ぜい》沢《たく》ができる。だからいかに分配するかよりも、いかにパイを大きくするかの方が重要だと考えたんだね。

パイを大きくするためにいかに効率的に資源を配分するかという経済学の問題は、科学的にかなり正確に測定することができる。

これに対し、「できあがったパイをどのように分配するか」という正義の問題を、科学的に測定することは不可能だ。

パイをつくることとできあがったパイをどのように分けるかは、密接不可分なように見えて、実はまったく次元の異なる問題なんだ。

この二つを混同しないよう、ちゃんと区別して理解してほしい。

少数者の不利益に目をつぶる功利主義

その上で、今度は功利主義という考え方を見ていこう。

「最大多数の最大幸福」という言葉を聞いたことがあるかい。

イギリスの思想家である、ジェレミー・ベンサムの言葉だ。

ベンサムは功利主義を唱えた思想家の代表格だ。功利主義思想とは、「正しい行いや政策とは、最大多数の最大幸福をもたらすものである」「法は人々の快楽の最大化、苦痛の最小化を目的としなければならない」という考え方だ。

最大化、最小化という言葉づかいからわかるように、功利主義には数学的な側面があるため、自然科学的な合理主義に相通じるところがある。これが最大の特徴だ。と同時に、個々人の価値観を多数者の快楽と考える点で、さっきも少し出てきた価値相対主義にも相通じるものを持っている。

もう少し詳《くわ》しく説明しよう。

まず「最大多数の最大幸福」とは、社会の構成員一人一人の「個人的な嗜《し》好《こう》・選好（簡単にいってしまえば好みや個人的意見）」を集積したものだ。

たとえば美人コンテストの場合、投票者が各自の好みで投票し、その結果最も多くの票を獲得した人を「ミス○○」にするとき、「最大多数の最大幸福」が実現する。

ベンサムの説く「法は人々の快楽の最大化、苦痛の最小化を目的としなければならない」という考え方を、簡単な計算で考えてみよう。

一〇〇人の投票による美人投票で、綾《あや》さんが六〇票、結《ゆい》子《こ》さんが二〇票、香《か》織《おり》さんが一〇票を、それぞれ獲得した。

自分の投票した女性が「ミス○○」に選ばれたときの満足度を一〇、選ばれなかったときの満足度をマイナス一〇とする。綾さんが「ミス○○」に選ばれれば全体の満足度は六〇〇、苦痛はマイナス四〇〇で、差し引き二〇〇が快楽（ここでは満足度）になる。

それに対して、結子さんが選ばれると全体の満足度は二〇〇、苦痛がマイナス八〇〇、香織さんが選ばれると全体の満足度は一〇〇、苦痛がマイナス九〇〇。いずれも全体の満足度がマイナスになってしまう。

得票数が最も多かった綾さんをミス○○にする、つまり全体の満足度が最大になるときに「最大幸福」が実現する。

たとえば法律を決めるときなども、各人の好みによる多数決で決めることによって、全体の幸福度が一番高くなるというわけだ。

このように、功利主義者のいう「最大多数」とは、「より多くの人々」を指し、社会の構成員一人ひとりの好みや選択《せんたく》の集積が「社会全体の利益」になる。

そして、社会全体の利益にとってプラスになるかマイナスになるかを数学的に合理的に考え、プラスになる選択をすることが社会的に正しい行為になる。

社会全体の利益は、一人ひとりの好みの集積として決まるものなので、価値相対主義の考え方に反することもない。

ここで「無人島の約束」と呼ばれる有名な例を紹介しよう。

ある人が乗っていた豪華客船《ごうかきゃくせん》が難破して無人島に流れ着いたところ、同じように難破した船から漂着《ひょうちゃく》した男がいた。

その男は瀕死《ひんし》の状態で、最後の力を振り絞《しぼ》って彼に次のような頼みをした。

「もし君が生き残って国に帰ることができたなら、○○乗馬クラブにこの金貨を寄付してくれ」

彼は、瀕死の状態にある男がそこまで頼むには相当の事情があるのだろうと察し、必ず約束を守るといって多額の金貨を預かった。

その後、瀕死の男は亡くなり、金貨を預かった彼だけが、無事、国に帰ることができた。

彼は、男との約束を果たすために、○○乗馬クラブに男から預かった金貨を寄付しようとしたが、偶然、ある病院の医療《いりょう》設備が極めて不足していることを知ってしまう。

そして、島での約束を破って、乗馬クラブに寄付するはずだった金貨を病院に寄付してしまったんだ。

使われた金貨の効果という観点から、約束を破って病院に寄付することは許される、と考えるのが功利主義者だ。乗馬クラブの贅沢品が増えるよりも、病院の設備が増える方が、より多くの人たちの幸福にはつながるからね。瀕死の男との最後の約束を守るよりも、社会全体の利益がより増進する方が正義にかなうというわけだ。

ただ、その場合、一人の男の死の直前の意思は無視される。瀕死の男にとって○○乗馬クラブの経営者が命の恩人で、最後の恩返しを切実に願っていたとしても、少数者の事情は考慮《こうりょ》されない。

合理的にプラス・マイナスをした結果、より多くの人たちの利益がプラスになるなら、少数者のマイナスには目をつぶろうというのが功利主義の行き着くところだ。

これを突《つ》き詰めれば、多数の死者が予想される社会的混乱を回避《かいひ》する目的であれば、無実の人を処刑することも許されるということにもなる。

「機会の平等」を重んじたロールズの正義論

功利主義によれば、社会全体の利益の最大化のために、一部の人間の利益が不当に害されてしまう。これを批判して、平等主義的リベラリズムという考え方が生まれた。

そりゃそうだよね。「一〇万人の命を助けるために、君、死刑になってくれ」といわれて「はい、よろこんで」なんて、ぼくにはとてもいえない。君だってそうだろう。

異論を唱える思想家が出てきて当然だ。

功利主義を批判する平等主義リベラリズムの代表格として颯爽と登場したのがジョン・ロールズだ。

アメリカのハーヴァード大学の教授だったロールズは、一九七一年に『正義論』という画期的な大著を書いた。これは、「正義」についての、現代で最も有名な書物だ。

ロールズの正義論の骨格は次の通りだ。

第一原理として、各人は基本的諸自由への最大限の権利を持つ。

第二原理として、社会的不平等は二つの制約の下でのみ許される。二つの制約とは1「最も不幸な人々の状況が最善になること」、2「機会の平等が守られること」だ。

そして、それぞれには優先順位があって、第一原理が最優先、次に第二原理の2の機会の平等、最後に第二原理の1の最も不幸な人々の状況が最善になること、と続く。

ものすごく大雑把にいってしまえば、ロールズの正義論はアリストテレスの「分配的正義」を理論的に緻密《ちみつ》にしたようなものだ。

まず、第一原理は次のように理解されている。

個々人の基本的自由権は、他人の権利を侵害しない限り、最大限尊重される。

そして、全体の利益のために、個々人にとって重要な基本的自由権を犠牲《ぎせい》にすることはできない（ここが、功利主義への批判だ）。

基本的自由権とは、思想・良心の自由、表現の自由、人身の自由など、人間として最も重要で、基本的人権の中核《ちゅうかく》になるものだ。

しかし、さっきも述べたように、各人が自由を追求すると、貧富の格差をはじめとする不平等が発生してしまう。

そこで第二原理だ。第二原理をもう少しかみくだいて説明すると次のようになる。

社会的・経済的不平等が認められるのは、次の条件を満たす場合に限られる。

1　その不平等が、最も不利な状況にある人々にとって最善であること。

2　その不平等は機会の平等が守られた結果であること。

これだけじゃ、まだわからないだろうね。ロールズの第二原理というのは、『正議論』を読んでいても、本当に厄介《やっかい》で、しっくりこないんだ。

ぼく流の理解で説明すると次のようになる。

まず、第一原理により、他人の権利を侵害しない範囲で広く自由が認められる。だけれど、自由を認めるだけでは不十分で、機会の平等が守られなければ意味がない、というのが第二原理の2だ。

「機会の平等」とは、「みんなが同じスタートラインに立てる」ということだ。

「機会の平等」の中身には、「形式的機会の平等」と「実質的機会の平等」がある。

「形式的機会の平等」とは、「スタートラインの平等」そのままの意味だ。みんなが競争に平等に参加できるということだね。

それに対し、「実質的機会の平等」とは、競争に参加できるだけでなく、事情によっては、スタートラインの位置を変えてもいい、という考え方だ。

具体的に考えてみよう。

たとえば、有名大学の受験資格に「親の年収が○○以上の子弟《してい》に限る」という条項《じょうこう》があったら、これは形式的機会の平等に反する。

また、受験資格は平等であっても、大学に合格して入学したら、授業料を払わないといけないよね。そうすると、貧乏《びんぼう》な家庭に生まれた子どもは、受験をためらってしまう。そのとき、奨学金《しょうがくきん》の制度があれば、貧しい家庭の子どもも同じスタートラインに立てることになる。これが「形式的機会の平等」だ。

もっとも受験資格が平等でも、貧しい家庭に生まれた子どもは、なかなか塾《じゅく》にも行けない。金持ちの家庭の子どもに比べて、成績が悪いということがあるかもしれない。そこまで配慮して、貧しい子どもに対しては、入学試験の点数を上乗せしてあげるというのが「実質的機会の平等」だ（もちろん入学後サボっていたら、他の学生同様どんどん退学させられる）。

「機会の平等」に対して、「結果の平等」という考え方もある。これは「実質的機会の平等」でもまだ不十分で、結果も平等でなくてはならないという考え方だ。運動会の競争でいえば、ゴール前でみんなで手をつないで一緒にゴールするのが結果の平等だ。でもこれでは、どんなにがんばっても差がつかないことになってしまうから、ロールズも、結果の平等が必要だとまではいっていない。

機会の平等が充実《じゅうじつ》したものになれば、どんなに貧乏な家に生まれても、本人ががんばりさえすれば、お金持ちの家に生まれてきた子どもを抜《ぬ》いて、もっとお金持ちになることができる。でも、「機会の平等」をきめ細かく保障しても、途中でレースを棄権《きけん》する人は必ず出てくるよね。それに競争である以上、必ず負ける人がいる。これは家がお金持ちか貧乏かに関係ない。ロールズは、そういう状況になったとしても、できる限り最善の手をさしのべられる、いわゆるセーフティネット（失業手当や生活保護など）が用意されていなければならない、と考えた。これが第二原理の１だ。

ロールズ的正義は個人の自由を侵害するか？

このように、ロールズの「正議論」は、功利主義では少数者の人権が侵害されてしまうという問題に、正面から取り組んだものだ。また、功利主義の背後にある価値相対主義に対しても、相対主義だけでは何の尺度にもならないという批判を込めている。彼が後の思想界に及ぼした影響ははかりしれない。

しかし、最近は、ロールズのこのような考え方に対して、自由主義の立場から批判が出ている。能力のある人の働きを最も不利な立場にある人たちの資源にするのは、能力のある人に対する制約であり、人間の自由は他者の自由を侵害しない限り認められるという原理に反する、というんだ。

能力主義・自由競争万能のアメリカならではの批判だね。

また、平等主義的な立場からも批判がある。分配のルールを固定してしまうことは、個人の自由を侵害するものである。ロールズのように分配の結果から考えるのではなく、特定の財産を得るに至った経緯《けいい》などから柔軟な手続ルールをつくるべきだ、というんだ。

ちょっと難しいけど、要は、同じようにお金持ちになったとしてもお金持ちになるに至ったプロセスに注目するべきだ、という考えだ。たとえば、棚《たな》ぼた的にもらったお金なら貧しい人に多く分配されてもいいけど、汗水《あせみず》流して得たお金はなるべく保持させてあげるのが望ましい。ロールズの考えはその点の配慮が欠けているという批判だね。

イジメをすぐにやめさせるという正義

古代から現在まで、正義について、思想家がどのように考えてきたかを、ものすごい駆け足でたどってきた。

自分の勉強不足を棚に上げているのは承知でいうけれど、ぼくとしては、どの考え方もいま一つ納得できない。

スーパー思想家たちを敵に回すつもりなんてさらさらないけれど、ここでぼくの考える正義について述べたいと思う。

最初に書いたように、ぼくたちには歴史的に承継《しょうけい》した基本的人権を保持するだけでなく発展させていかなければならない責務がある。

だから、基本的人権の中核部分である生命、身体、財産の自由について最大限の配慮を図《はか》ることが第一だ。ここにはもちろん物理的なダメージからだけでなく、精神的なダメージからの保護も含まれる。つまり、すべての個人を一人の人間として尊重することが、現代日本の最大の価値だとぼくは考える。

現代の日本では、性的ないやがらせや、言葉や態度によるいやがらせなど、いろいろな「ハラスメント」が横行している。児童虐待《ぎゃくたい》や、犯罪被害者の心の傷など、新しいタイプの人権侵害も起きている。

学校でのイジメもそうだね。君も学校でイジメにあったことはないかい？　自分が被害者にならなくとも、だれかがイジメにあっているのは見たことがあるんじゃないだろうか。

このような事態を予防する必要があるのはもちろんだ。だけどそれだけじゃなく、被害が生じた場合に、それを速《すみ》やかに回復する措置《そち》をとることがとても大切だと、ぼくは考えている。

たとえば、地下鉄サリン事件の被害者に対する支援《しえん》は、アメリカの同時多発テロの被害者に対する支援よりもずいぶん劣《おと》ると報じられている。もしそれが事実なら、日本政府は、国としてできる限りの手を講ずる必要がある。

貧困問題も、日本の貧困なんてアフリカに比べればずっとマシだなんて意見もあるけれど、現在の日本において、個人としての尊厳が守られないほどひどい貧困に対しては、速やかな対応が必要だ。

社会の状況がものすごいスピードで変わっていく時代なので、どのような状態だったら人権が侵害されているといえるのかを判断するのは、とても難しい。でも、多くの人が、自分がその人の立場だったらどうしても我慢ならない事態だと想像できる場合には、一個人としての人権が尊重されていないとみなしていい。

人権と人権の矛盾・衝突を調整しながら

現時点でぼくの考える正義とは次のようなものだ。まず正義を「制度的な正義」と「実践的《じっせんてき》な正義」の二段階で考える。

この発想は、ぼくの法律実務家としての経験からヒントを得ている。たとえば、刑法には強盗致死《ち し》傷罪（二四〇条）と強姦《ごうかん》致死傷罪（一八一条）という犯罪が定められている。

強盗致死傷罪は「強盗が、人を負傷させたときは無期又は六年以上の懲役に処し、死亡させたときは死刑又は無期懲役に処する」と規定されている。

強姦致死傷罪は「一七七条若《も》しくは一七八条第二項又はこれらの罪の未遂罪《み すいざい》を犯《おか》し、よって女子を死傷させた者は、無期又は五年以上の懲役に処する」と規定されている。一七七条は強姦罪、一七八条第二項は準強姦罪だ。

つまり、物を強奪《ごうだつ》して人を殺した者は「死刑又は無期懲役」なのに、強姦をして人を殺した者は「無期又は五年以上の懲役」だ。法律上、物の方が女性の性的尊厳よりも重視されている。これは明らかにおかしくないだろうか？

ぼくは、強姦罪は最も卑劣《ひ れつ》な犯罪だと思っている。生物学的に力の強い男性が、力の弱い女性の尊厳を無理矢理奪ってしまう犯罪だからだ。

強姦罪の被害者は、大きな精神的ダメージを受ける。私生活、社会生活にまでとても大きな影響が出る場合が少なくない（落合恵子さん原作の映画「ザ・レイプ」はそのあたりをとてもリアルに描いている）。

それなのに、物を強奪した場合よりも法定刑が軽いのは、どう考えたってバランスがとれない。


このような場合に、法律の条文上のアンバランスを、基本的人権の尊重の観点から考察し、法改正をしていくのが「制度的な正義」の実現だ。分配に関しても、弱者を保護する法律をつくったり改正したりすることも「制度的な正義」だ。

「制度的な正義」は、制度をつくる立場にならないと直接的には実現できない。もちろん選挙権の行使は、制度改革に間接的に参加する一つの手段だ。

だがそれだけじゃない。いまはインターネットが発達して、自分の意見を発表する機会が、以前に比べて格段に増えた。ぼくたちは、時代に合わなくなった制度の廃止を訴えたりいま必要な制度をネット上で提言することによって、「制度的な正義」の実現に間接的に参加できるんだ。

これに対し、実際の裁判で、「加害者である被告人は前科がなく真面目《まじめ》に暮らしていたが、リストラにあって生活が困窮していた」とか、「包丁を振りかざしたのは脅すためだけで、相手を傷つけるつもりはなかった」というような個別の事情を検討して、場合によっては刑を軽くするのが「実践的な正義」の実現だ。

このような「実践的な正義」は、裁判官や役所の窓口だけでなく、職場環境の改善など、ぼくたちの日々の行動によって実践できるものだ。ここで指針となるのは「すべての個人を一人の人間として尊重する」という理念だ。

たとえば、君が山手線のような電車に乗ったとき、前の席に座っている女性が化粧《けしょう》をしていたり、男女を問わず極めて個性的というかはっきりいってビックリするような服装や髪型をしていたとしよう。

これらのことについて君がどう思うかは自由だけど、友だちと一緒になって彼らをはやし立てたり侮辱《ぶじょく》するのは正義に反する。

それに対し、電車の中で大声で携帯《けいたい》電話で話をしていたりたばこを吸っている人に注意をするのは（それがきっかけとなって君たち自身の身の危険が及ぶ可能性という点を除けば）正義にかなっている。

この二つの違いはなんだろうか？

前者の例では化粧している女性も個性的な姿をしている人たちも、だれにも迷惑をかけていない。それを、自分たちの好き嫌いではやし立てたり侮辱したりするのは、彼らにイヤな思いをさせる、すなわち、彼らの人権を侵害する行為だ。

これに対し、後者の場合、公共の交通機関の中で大声で携帯電話で話をしたりたばこを吸ったりする行為は、他の乗客に迷惑をかける行為だ。だから、そのような行為を注意してやめさせることは正義の実践にかなっている。

他の人に迷惑をかけない限り個人の価値観を最大限に尊重して余計な干渉《かんしょう》をしない（もちろん、「どう思うか」は君の価値観であり自由なので心の中で「変な奴だ」と思ってもそれをとやかくいわれる筋合いはない）、他方、他人に迷惑をかけるような行為は現に他人の人権を侵害しているという点で個人の価値観の問題として放置できない不正義というわけだ。

ここで疑問を感じる人がいるかもしれない。

中国や韓国《かんこく》では、電車の中で大声で携帯で話してもマナー違反じゃないんだって。お父さんが若かった頃は、電車の中でも普通にたばこを吸ってたんだって。

そう、最も重要な理念は「一個人の基本的人権の尊重」だけれども、電車の中で自由に話をする権利と静かな車内環境を求める権利、たばこを吸いたい人の権利と吸ってほしくない人の権利というように、基本的人権はしばしば衝突《しょうとつ》し、どちらを優先させるかという問題が必ず生じる。

そしてその線引きは、社会によっても違うし、時代によっても変化していくものなんだ。

この章のはじめに、ぼくは、正義とは基本的人権を保持、発展させていくための指針だと述べた。

生命・身体・財産の自由のような基本的人権の核心部分を最大限確保する。それと同時に、時代や環境の変化に応じて発生する、新たな人権の矛盾や衝突を「制度」と「実践」の両方の側面から柔軟に調整していく。これは常にぼくたちが抱えている課題だ。

課題をクリアしていくために必要なのは、多様な価値観を尊重する公平無私なバランス感覚だ。ぼくは、時代や地域にもっともふさわしい正義は、このバランス感覚を発揮することで生み出されると考えている。

現代のようにものすごいスピードで多くの物事が変化している時代には、がっちりした枠組みや型にはまった理念はすぐに古くなってしまう。だから、すぐれたバランス感覚をフル回転させることで、そのときどきの正義を見出していくべきなんだ。

もっとも「制度的な正義」は、あまりコロコロと変えすぎるとぼくたちの日常生活が不安定になる恐れがある。だからまずは、「実戦的な正義」を着実に積み重ねていく努力が必要だろう。

ギリシャ神話に登場する法と正義の女神のテミスは、目隠しをして左手で高々と天秤《てんびん》をかざしている。天秤は法の公正・公平を表し、目隠しは先入観や偏見なしに判断することを表している。

さて君だったら正義を実現させるとき、どんなポーズをとるだろうか。

第3章 なぜ人を殺してはいけないのか

1　殺人について考える

戦争だったら人を殺してもいいの？

生命・身体・財産の自由は、基本的人権の中核部分だという話をしてきた。とりわけ生命の自由については、基本的人権という考え方が生まれるよりはるか昔、おそらく人間が社会をつくり始めたときから、「人を殺してはいけない」というルールが存在した。

たとえば、旧約聖書には、モーセという古代イスラエルの指導者が、神から「十戒《じっかい》」と呼ばれる一〇カ条の戒《いまし》めを授けられた話が出てくる。そこにも、「人を殺してはいけない」という戒めが入っている。

でも、「なぜ人を殺してはいけないか」という問題は、あらためて考えると、実はとても難しい。

もし君が小学校一年生の子どもから「どうして人を殺してはいけないの？」と訊《き》かれたら、何と答えるだろう？

おそらく、あれこれ考えて、「だって殺された人やその家族がかわいそうだろう」とか、「人を殺したらイヤな気持ちになるだろう」などと答えるんじゃないかな？

そして、その子がさらに「でも、戦争ではたくさんの人を殺しているよ」と尋ねてきたらどうするだろう？

共同体を維持するために不可欠なルール

歴史上、どのような宗教や民族においても「人を殺してはならない」という厳格なルールがあったのは間違いないと思う。

なぜ、このような戒めがあったかというと、人間が共同体をつくる生き物であることと密接に関係している。

共同体とは、利害・職業・宗教・国籍《こくせき》などを同じくする人の集まり……などと、辞書にはある。大きなところでは、君にとっては日本という国が共同体だし、小さなところではクラスや部活動や、趣味《しゅみ》の集まりなんかも共同体といえる。

もし、共同体の中で「人を殺す」ことが認められていたらどうなるだろう？

君が学校のテニス部に入っていたとしよう。

月に一回、命をかけた試合がある……そうだね、全員が総当たり戦をやって、最下位だった人間が殺されるなんてことになったら、とてもそんなクラブには入ってられないよね。

国という共同体においても同じだ。

もし人を殺すことが認められていたら、殺された人の家族は、復讐《ふくしゅう》だといって殺した人間を殺し、復讐された人間の家族がこれまた復讐をしてと、殺人が連鎖《れんさ》して、国の秩序《ちつじょ》はメチャメチャになってしまう。

仲間が殺し合う共同体の中に平気でいられる人はいないだろう。だから「正当な理由なく仲間を殺さない」ということが約束された新しい共同体をつくるのは、必然の流れだよね。

だから「人を殺してはいけない」という規範《きはん》（守らなければならない決まり事）は、共同体を維持するため、神様からの命令や、支配者からのお達しのような形をとりながら、時代を超えて人類に受け継《つ》がれてきたと考えることができる。

殺し合いを繰り返してきた人類の歴史

では、共同体を維持するために「人を殺してはならない」というのであれば、共同体の外の人間は殺してもいいのだろうか？

実は、それを繰《く》り返してきたのが人類の歴史なんだ。

君はインカ文明を知っているだろう。南米のアンデス一帯で栄えていた文明だ。一六世紀、突然侵略してきたスペイン人は、インカ民族をみな殺しにした。そのやり方は生半可《なまはんか》なものじゃなかった。

山に逃げ込んだ無抵抗《むていこう》のインカ人たちを全滅させるため、獰猛《どうもう》な犬が何匹も山に放たれた。スペイン人は体を引き裂《さ》かれるインカ人の悲鳴を聞いていたという。

ぼくは別にスペイン人だけが悪者だと思って、こんなことを書いたんじゃない。

歴史上最初に民主主義が発達したといわれる古代ギリシャでも、奴隷は共同体のメンバーとして認められず、人間扱《あつか》いされなかった。だから、奴隷を殺すことは、「物を壊す」程度にしか思われていなかった。

コロンブスがアメリカ大陸を発見したときも、もともとそこに住んでいたネイティブアメリカンが多数殺された。アフリカから連れてこられた黒人も、奴隷として人間扱いされなかった。

第一次世界大戦や第二次世界大戦では、国家という共同体同士が戦い、殺し合った。

いまでも、中東で、ユダヤ教とイスラム教が対立して殺し合っているのも、「宗教共同体」

同士の対立と考えることができる。

だったら、人類が一つの共同体としてまとまれば「殺し合い」はなくなるんじゃないか。

そんなのはありえない理想だといわれるかもしれないけど、ぼくはその可能性を信じたい。

日本の歴史をひもといても、各地の大名が率いる共同体同士が激しく殺し合う戦国時代を経て、統一国家という一つの共同体をつくりあげた。

世界に目を向けてみても、国家という単位は維持しながらも、国際連合のような様々な国際機関がつくられている。ヨーロッパはＥＵとして共同体になっている。ＡＳＥＡＮ（東南アジア諸国連合）だってそうだ。

世界が、戦争やテロのない一つの共同体に向かっている……その大きな流れは確かであり、それを逆行させることはできないと、ぼくは思っているんだ。

人間の脆さを想像する力を鍛えよう

人を殺してはならないのは共同体の維持のためだと考えると、宗教の対立や戦争による殺人は理解できる。

でも、ぼくは、なんだかこのような考えだけでは不十分じゃないかと思っているんだ。

だって、親殺しとか子殺しとか、怨恨《えんこん》による殺人とか、「だれでもよかった」という動機の殺人が、日本という共同体だけでなく、地域や家族というより小さな共同体で起こっているよね。新聞やテレビは毎日そんなニュースばっかりだ。

そりゃあそうさ。共同体を守っていくための「殺してはならない」という決まりは、上から与えられたものだから、それに反する人間が出てきたっておかしくないじゃないか、と君は考えるかもしれないね。

長年の恨みが積もったり、カッとしたりして、人が人を殺したい衝動に駆られることはあるだろう。それはぼくだって否定しない。でも、そこで「だから仕方ない」と割り切って、考えることをやめてしまってはいけないとぼくは思う。

ぼくは、人が人を殺すことの歯止めになるのは「想像力」だと思っている。

君がとてもムシャクシャしていて道を歩いていたら、中年のサラリーマン風の男とぶつかったとしよう。

お決まりのように喧嘩になり、顔に一撃を食らった君は、「こいつ！　殺してやる」と思って、たまたま持っていたカッターナイフで彼の頸動脈《けいどうみゃく》を切って殺してしまった。

彼には小さな子どもが二人いた。そして、奥《おく》さんと共に老いた両親を介護していた。毎日、介護や子育てに追われ、仕事でもボーナスが激減してかなり生活に困っていた。

それでも、小さな子どもたちは、彼が帰ってくるのを毎日心待ちにしていた。日曜日の夕方に一緒に遊ぶのが一番の楽しみだった。

上の男の子は、サッカー選手になりたいといっていたので、彼は誕生日プレゼントとして買ってあげたサッカーボールの蹴《け》り方を教える。

下の女の子は、編み物が好きだったので、彼のポケットには彼女の編んだ小物が入っている。

君がカッターナイフを出してしまったことによって、彼の両親や奥さん、子どもたちの人生はいったいどうなってしまうのだろう？


君が被害者になる場合だってある。

君は繁華街を歩いていて、たまたまぶつかってしまった若い男と喧嘩になった。殴られた君はコンクリートの角に頭をぶつけて気を失ってしまった。

目が覚めたら、君は自分がどこにいるのかわからないけど、体中がどこかおかしい。君のお母さんが君を見つめて涙《なみだ》を流している。

君は、コンクリートの壁《かべ》に頭をぶつけたときに頸椎《けいつい》（脊椎《せきつい》のクビの延長部分）を大きく損傷してしまい、下半身は完全に麻痺《まひ》、両手の動作も思うようにならなくなってしまった。

命が助かっただけでよかったとお母さんはいうけど、君はこれからの人生、自分の足で歩くこともできなければ両手も不自由な状態で生きていかなければならない。

「いっそ、死んだ方がましだ！」そう思っても、体の自由がきかないから、自殺することすらできない。

さらに不幸なことに、相手の男には財産も何もなく、賠償金で償《つぐな》ってもらうこともできない。

ぼくは、実際、弁護士の仕事を通して、殺人事件の被害者の家族や、重度障害を負った被害者を何人も見ている。彼ら、彼女らの姿を自分に照らし合わせると、涙をこらえるのに必死になってしまう。

ぼくは、つくづく思うよ。人間の体も心も本当に脆《もろ》いものなのだということを。

漫画やアニメのキャラクターは、どれだけボコボコに殴られようが、爆弾《ばくだん》が破裂《はれつ》しようが、すぐ平気な顔で戻ってくる。でも、本当の人間は、心も体も一度損なわれたら取り返しがつかない。

そのことを想像できたら、決して人を殺すことなんてできないと思うんだ。

人類の歴史とか、共同体の内部とか外部とか、理屈も大事かもしれないけれど、ぼくたちがすぐにできることは想像力を鍛《きた》えることだ。

ぼくは、君に、しっかりとした想像力を持ってほしいと切に願っている。

そうすれば、上からの「殺すなかれ」という規範なんかなくても、君は決して人を殺すことはないと信じている。

2 死刑について考える

世界中で進む死刑廃止の動き

どんな民族や宗教にも「人を殺してはならない」というルールがあると述べた。でも、日本には、「国家による合法的な殺人」が存在する。

そう、死刑制度だ。

君は、日本に住んでいるから死刑があるのは当たり前だと考えているかもしれないね。

でも、実は死刑制度のない国はとても多い。

たとえばＥＵ加盟国では、欧州人権条約に基づいて、原則としてすべての国で死刑が廃止されているんだ。ドイツでもフランスでもイギリスでもスイスでもだ。

アメリカ合衆国でも、現在、一〇以上の州が死刑を廃止しており、これからも増える勢いだ。

そもそも国際連合で、いわゆる死刑廃止条約が締結《ていけつ》され、多くの国が批准《ひじゅん》している。

世界中で死刑廃止が進んでいることを知って、驚いたかもしれないね。

だって、最近の日本では厳罰化が進んでいて、世間的には死刑廃止なんてとんでもないというムードだからね。

死刑を廃止するべき四つの理由

死刑制度をめぐっては、日本でもこれまで賛否《さんぴ》両論、多くの議論が戦わされてきた。

死刑は廃止するべきだと主張する人たちの理由は主に次の四点だ。

①「人を殺すこと」を禁じている国家そのものが「人を殺す」というのは自己矛盾だ。国家には人の生命を奪う権利までは存在しない。

②死刑を存続させても重大犯罪は減少するとは限らないし、廃止したからといって重大犯罪

が増加するとは限らない。つまり、死刑という制度があるからといって、重大犯罪を抑止《よくし》できるとは限らない（死刑を廃止した国の統計でも、制度の存否と重大犯罪の数の因果《いんが》関係ははっきりしなかった）。

③死刑は残虐《ざんぎゃく》な刑罰であり、日本国憲法が定める「残虐な刑罰の禁止」（三六条）に反する。

④裁判には誤判がつきものである。誤判なのに死刑が執行《しっこう》されてしまえば、無実の人の生命を奪ってしまったことになり、取り返しがつかない。

中でも④は廃止論の強い根拠になっている。ぼくとしても、誤判によって取り返しがつかなくなってしまうことが一番恐ろしいと思う。

死刑を存続させるべき三つの理由

これに対して、死刑存続を主張する人たちの理由は、主に次の三点だ。

①死刑をいい渡《わた》される犯罪は、極めて残虐なものに限られている。そのような残虐な犯罪を

行った犯人を死刑に処するのは、国民の道義的・応報感情に沿ったものだ。

②死刑の存廃《そんぱい》と重大犯罪の数との間の統計的関連性がはっきりしなくとも、犯罪を行おうとする人間に対する威嚇《いかく》的効果は間違いなくある。

③極悪《ごくあく》な犯罪者は、社会から永久に隔離《かくり》する必要がある。

この中で、多くの学者や実務家が重視しているのは①の国民感情だ。ぼくもこの点は無視できないと思う。

いまの法制度の下では、無期懲役が宣告されても二〇年以上が経過すると、反省の情などを判断材料にして、一人また一人と仮釈放《かりしゃくほう》されて社会に戻ってくるケースが多いんだ。

君も、家族を殺された人たちが「犯人がいつかは一般《いっぱん》社会に戻ってくるなんて絶対に許されない」と訴えるのを聞いたことがあるだろう。

愛する家族は戻ってこないのに、犯人の生命は絶対に保障されるなんて、遺族としては耐えがたいことだと思う。

終身刑をつくれば解決するのか?

だったら、終身刑のように、何があろうと刑務所から出られない刑罰を法律でつくったらどうだろう。国民感情としても納得できるかもしれない。

実際、死刑制度の廃止は終身刑の創設とセットになって議論されることが多い。

死刑制度の存否を考える上で、前提として、知っておいてほしいことがある。それは、現在の日本国憲法の施行《しこう》後、死刑の宣告人数はずっと減ってきているということだ。

一九四八年には、第一審で死刑を宣告された被告人は一一六人もいた。かつては本当に死刑が多かったんだ。

それが、一九五五年ころから急速に少なくなり、地下鉄サリン事件のような特殊な事件があった時期を除けば、いまは年間一桁《ひとけた》だ。

死刑判決が下ると、テレビや新聞が大きく報じるから目立つだけで、死刑判決というのは、刑事裁判においては、本当にレアケースなんだ。

ぼくは司法修習生で弁護修習についていたとき、高等裁判所で死刑判決が宣告されるのを目の前で見た経験がある。

その直後、修習担当弁護士さんと刑務所に被告人の接見に行ったのだけど、被告人は予想外にあっけらかんとした態度で、刑務所内での処遇《しょぐう》がよくなったなどと話していた。

まだ高裁段階で刑が確定していなかったからだろうか。それだけじゃなく、死刑が減って身近なものでなくなったために、自分のことだという認識が持てなかったのかもしれない。

死刑判決を受ける人の数が減ってきたことは、ぼくたちに二つの考え方を提起している。

一つは、これだけ人数が少ないのだから、死刑の代わりに終身刑にして生涯《しょうがい》刑務所で暮らさせたとしても、国家予算上特に問題はないし、刑務所の過密化につながるものでもないという考え方だ。

ただ、最近、どこの刑務所も定員オーバーで、受刑者の人権問題にまで発展しかねない状況だ。だから年間一桁といっても、無視できない数であることは確かだ。

また、終身刑の方が死刑よりもより多くの税金を必要とすることへの国民感情的な批判、逆に、終身刑の方が死刑よりも残虐な刑罰ではないかという受刑者の人権的見地からの批判もある。

もう一つは、これだけ人数が少ないということは、よほどの凶悪犯《きょうあくはん》でなければ死刑は宣告されないのだから、被害者や遺族の無念さを汲《く》んで、死刑にするのもやむを得ないのではないかという考え方だ。

いまは世論調査によれば、国民の八割以上が死刑制度に賛成している。しかし、世界の流れから考えて、日本でも死刑制度の存続が大きな問題になる日が、将来、必ず来ると思う。すぐには答えが出ないと思うけれど、君たちにもぜひじっくりと考えてほしい。

3 刑罰について考える

刑罰を与える目的は何か?

順番が後先になってしまったけれど、ここで、そもそも刑罰とは何かということについて、簡単に説明しておこう。

犯罪を行った人間になぜ刑罰を与えるのか。刑罰の本質については、数百年にわたり学説が対立してきた。しかし現在は、以下の三つの要素を総合的に取り入れた説が主流になっている。

①犯罪を行うと刑罰に処せられるということをあらかじめ人々に告知しておくことで、人々

が犯罪を行わないように仕向ける。これを「一般予防」という。この考え方は、事前に、何が犯罪になるかを法律で決めておかなければならないという「罪刑法定主義」と結びつく。

②犯罪を行った人間を刑務所などで教育し、二度と犯罪を行わないように矯正する。これを「特別予防」という。執行猶予《ゆうよ》判決を下して、社会生活を送りながら二度と犯罪を行わないように矯正する場合もある。

③刑罰は犯罪行為に対する非難、応報と考える。「目には目を歯には歯を」の考え方に通じるもので、なされた犯罪に均衡《きんこう》する重さの罰を与えることで、被害者感情や国民感情の理解を得る。

以上のような目的を果たすために、刑法では犯罪に対する刑罰を定めているんだ。

なぜ未成年者は特別扱いされるのか

だけど、普通なら犯罪とみなされる行為をしても、刑罰を科されない特別な場合がある。それが心神喪失者《しんしんそうしつ》と一四歳未満の場合だ。刑法の条文には次のようにある。

心神喪失者の行為は、罰しない。（第三九条一項）

一四歳に満たない者の行為は、罰しない。（第四一条）

心神喪失というのは、精神の障害により、物事の是非《ぜひ》や善悪を判断し、その判断に従って行動する能力（法律の世界では「事理弁識能力《じりべんしき》」ともいう）を欠いている状態のことだ。一四歳未満の子どもも、法律上は、事理弁識能力を欠くとされている。

ではなぜ事理弁識能力がないと、刑罰を科されないのだろう。

それは一般的には、物事の是非や善悪を判断できない人は、自分の意思で犯罪を行うことができないからだと説明されている。たとえば、人を殺すことの意味を理解できていない人間は、自分のオモチャを壊すことと人の命を奪うことの区別さえつかないかもしれない。そのような人間に刑罰という責任非難はできない、と考えるんだね。

だから、幼い子どもの場合は、そもそも犯罪が成立しない。心神喪失者の場合も、刑罰は科されず、自分や他人に危害を加える恐れのある場合には、強制入院という措置がとられることがある。

特別扱いされるのは、一四歳未満の場合だけじゃない。二〇歳未満の未成年者の犯罪行為に対しては少年法という法律が適用されて、地方裁判所ではなく家庭裁判所で審判を受けるとか、刑務所でなく少年院に収容されるとか、不定期刑という軽い刑罰が下されるなど、いろいろな点で保護されているんだ。

少年法によって未成年者を保護する最大の理由は、「少年の可塑性《かそせい》」だ。可塑性というのは、簡単にいうと、改善の可能性が大きい、つまり、真人間《まにんげん》になれる可能性が大きいということだ。

確かに、未成年期は心身共に不安定で、能力や人格も固まっていない面がある。神童と呼ばれた子も、ヤンチャで手のつけられない不良少年も、三〇代半ばを過ぎると、同じような普通のオジサンになることが多いんだ。

でも、そのような事情に配慮したとしても、いまの少年法は、中学生や高校生の犯罪について、未成年というだけで処分が甘すぎるんじゃないかという批判がある。

だって、君自身や、君の家族や恋人が不良高校生たちに殺されたりしたら、未成年ということで犯人たちが特別扱いされることを我慢できるだろうか？

だから、最近では、未成年の年齢《ねんれい》を二〇歳から一八歳に引き下げようという意見や、少年法をもっと厳しくするべきだという意見が出てきているんだ。

ぼくは、この点も死刑制度と同じで、国民感情が変化してくれば制度も変わってくるんじゃないかと思っている。

先にも述べたように、法律は決して固定的なものじゃない。基本的人権の尊重という最大価値の保持、発展のために、ぼくたちは常に努力をして時代に応じた法律をつくり、運用していかなくてはならない。

実際、被害者保護、つまり犯罪被害者や、その遺族の人権の尊重という観念も、多くの人の努力によって、ようやく広まってきた。制度も整えられてきた。

少年法についても、少年保護原理主義（何が何でも少年は保護するべきだという固定的な考え方）に陥《おちい》ることなく、時代に即した柔軟《じゅうなん》な考えと十分な想像力を、君には是非とも持っていてほしい。

第4章

自由と民主主義の微妙な関係

基本的人権の中心にある「自由権」

「自由」という言葉に、君はどんなイメージを持っている？

「自由、最高！」「自由、大好き！」と思う人が多いかもしれないね。

いまの日本では、君は他人の自由を邪魔《じゃま》しない範囲で、自由に考え、自由に動き回り、自由に発言し、自由に恋愛をすることだってできる。

それは、君には「基本的人権」が保障されているからだ。「基本的人権」とは個人の生命・身体・財産が国家によって侵害されないという自由権、国政に参加する参政権、最低限度の生活を営めるよう国家に請求《せいきゅう》できる生存権が中心となっている。そして基本的人権の中心になるのが「自由権」なんだ。

職業も住むところも選べなかった近代以前

実は、世界で最初に、つまりイギリスやフランス、アメリカで基本的人権が認められるようになってから、まだ二〇〇年ちょっとしかたっていない。

基本的人権という概念は、アメリカの独立戦争やフランス革命という一八世紀の近代市民革命を経て確立した。

その背景にあったのが、前にも述べたホッブス、ロック、ルソーなどの思想だ。個人は国家と社会契約を結んでおり、国家は個人から税金を徴収《ちょうしゅう》する代わりに個人の生命・身体・財産などを守る義務があるという社会契約論を、現実の社会で実現したのが、近代市民革命だ。地域や時代による違いはあったけれど、この市民革命を通じて、一個人の基本的人権の尊重こそが国家にとって最大の価値であると認められるようになったんだ。

日本では、明治憲法を経て終戦後の日本国憲法によって、ようやく近代的な基本的人権が保障されるようになった。

この基本的人権というのは、決して「棚ぼた的」に与えられたものじゃない。君だけじゃなくぼくも、生まれたときから日本国憲法によって基本的人権が認められていたからピンとこないかもしれないけど、先に書いたように基本的人権は「人類の多年にわたる努力によって勝ち得たもの」であって、ぼくたちにはそれを「保持するだけでなく将来的に発展させていかなければならない」という責務がある。

じゃあ、近代以前の世界ではどうだったのだろう？

国や地域によって状況は少しずつ違うけれど、農家に生まれた子どもは農家を継ぎ、商人の家に生まれた子どもは商家を継ぐというように、身分がはっきりと固定されていた。

固定されていたのは身分だけじゃない。住むところだってそうだ。引っ越しは原則として禁止。生まれ故郷を出て別の土地に行くのは一大事だった。

明治維新の直前、土佐藩《はん》の下級武士だった坂本龍馬は、藩主の許しを得ずに土佐藩の藩籍から抜け出してしまった（いわゆる「脱藩」といって現代にたとえれば北朝鮮から日本に亡命するようなものだ）。それは当時の社会のルールに反する大変なことだった。

それでも武士は、お殿様の許可をもらえば、よその土地に行くことは不可能ではなかったけれど、農民の場合は、もっとずっと厳しい制約があった。

当時、農業は日本で一番重要な産業だった。そして農民は、農作物を生産するための貴重な労働力だった。自分の藩の農民が他の藩にどんどん移り住んでしまったら、農作物の生産量が減って藩のお殿様たちは困ってしまう。だから、農民は自由な移動を禁じられていたんだ。

中世のヨーロッパでも、状況は大体同じだった。

「国家からの自由」と「国家への自由」

市民革命で勝ち取った最初の基本的人権は「自由権」だった。

これは「国家からの自由」という自由権だ。横暴な王様や領主に、自分のお金や土地や大事な物を奪われない権利、自分のしたいことを邪魔されない権利だ。

「国家からの自由」が認められるようになって初めて、自分の財産を取得したり処分したりする自由が生まれ（これが前に出てきた「所有権」だね）、別の場所に移動する自由が生まれた。財産を自由に交換することもできるようになった（自由市場の成立）。

そこに、産業革命によって工業の生産性が飛躍《ひやくてき》的に向上したことが追い風となった。物をたくさん生産する能力を持った人や、物の売買が上手な人がお金持ちになり、資本主義が発展していったんだ。

資本主義によって豊かになった人たちは、たくさんの労働者を使ってさらに事業を拡大した。それにより資本家と労働者の間の貧富の差も大きくなっていった。労働者はいくら悲惨な状況に置かれても、働かないと生活ができないので、劣悪《れつあく》な環境に耐えるしかない。

しかし、それはあまりにも非人道的だ。また現実問題として、資本家がいくら物を生産しても、買ってくれる余裕のある人が少なければ、資本主義自体が自滅してしまう。人々はそう気がついた。

そこで、前にも話したように、労働者の権利を定める法律や、最低限度の生活を営むことができる法律がつくられるようになった。それまでの「国家に〜されない」権利とは異なる、国家に対して「〜してほしい」と要求する権利という概念が生まれたんだ。これを「国家への自由」と呼ぶこともある。

レールが敷かれた人生の方が生きやすい？

窮屈な規制から解放された人たちは、自由を満喫《まんきつ》し、のびのびと幸せに暮らせるはずだった。しかし、ことはそんなに単純にはいかなかった。

自由であることが面倒《めんどう》くさく、ときにストレスになるなんて、君は考えたことがあるだろうか。

中世の農村では、身分も住むところも固定されていたと話したね。「そんなの、窮屈で退屈で我慢できない」と思うかもしれない。でもある意味、生きるのが楽な時代であったともいえるんだよ。ルールに従ってさえいれば、将来のことなんか何にも考えなくても、平和に生きていけたんだから。

たとえば、君が農家の長男に生まれたとしよう。君は小さい頃から、お父さんの手伝いをして日々を暮らす。年頃になれば、親戚の面倒見《めんどうみ》のいいおばさんがやってきてお嫁《よめ》さんを紹介してくれる。めでたく結婚して、子どもが生まれる。お父さんが亡くなると、君はお父さんの後を継いで、一家の主《あるじ》となる。

生まれたときからレールが敷《し》かれていて、そこに乗っかって生きるしかないから、ほかにやりたいことがあってもあきらめがつく。というより、「ほかの仕事をしたい」なんて思うことすらなかっただろうね。

もちろん暮らしはいまとは比べものにならないほど貧しい。凶作《きょうさく》で飢饉《ききん》に苦しむこともあった。重い税を課す横暴な領主もいた。でも地域社会の人と人の絆《きずな》はいまよりずっとしっかりしていたから、苦しいときにはお互い助け合うこともできた。

どうだろう？　ちょっとはうらやましいと思うところがあるんじゃないかな。


近代社会では、移動の自由や、仕事を選ぶ自由が認められるようになった。産業革命も進んだ。そうすると、農村から都市に出て「一山当《ひとやま》てよう」と考える人たちがたくさん出てきた。

でも、どうやって一山当てるかは、本人が自分の頭で考えなければならない。親切に教えてくれる人がいたとしたら、きっとその多くは詐欺師《さぎし》だ。だって、見ず知らずの人間に、うまい儲け話を教えるくらいなら、自分でやっているはずだからね。

儲け話以前に、どこでどうやって生活していくのかということだって、すべて自分で決めなければならない。

当時、都市には一文なしになって路頭に迷う人や、野垂《のた》れ死にする人は少なくなかった。そういう貧しい人たちが集まったスラムもできた。彼らは「こんなことなら、生まれ故郷を捨てて出てくるんじゃなかった」と後悔《こうかい》しただろうね。

何もかも自分で決めるというストレス

もっと身近な例で考えてみようか。

そうだね、たとえば君はケーキが大好きだったとする。お母さんから「五〇〇〇円で好きなだけケーキを買ってきていいわ」といわれて、人気の有名なケーキ屋さんに行った。そうしたら、一〇〇種類以上もの、おいしそうなケーキが並んでいる。一個の値段は大体四〇〇円。五〇〇〇円だと一二個買える計算だね。

「ここから自分の好きなケーキを選んでいいんだ」と、最初はきっとワクワクすると思う。でも、選び始めると、あれもこれもと目移りして、嬉《うれ》しいような辛《つら》いような気持ちになってくるに違いない。

次第に、だれかが「これと、これと、これを選ぶといいよ」と教えてくれたらどんなに楽だろうという気持ちになってくるんじゃないかな。

何かを選ぶとき、全部を自分で決めなければならないという状況は、人間にとって実はかなりストレスになることなんだ。

だって、選んだ後、「自分の選択はこれで正しかったんだろうか?」「別のものを選んだ方がよかったんじゃないかな?」という気持ちは、だれにでも必ず湧いてくるからね。

何かを選ぶということは、そういう気持ちを断《た》ち切って、自分の選択に責任を持つということだ。

たかがケーキぐらいで大げさな、と思うかもしれない。でも、自由には常に責任が伴《ともな》う。ケーキを選ぶときでも、自分の人生を選ぶときでも、同じことだ。

ちなみに、自分がどのような生活を送るか、どう生きていくかを自分自身で決める権利を「自己決定権」と呼ぶ。一般的に認められるようになったのは比較的最近のことだ。

自分の選択が他人に迷惑をかけるとき、つまり、自分の自己決定権と他の人の自己決定権がぶつかったとき、どうするか。また、自殺をする権利とか、病気やケガの治療《ちりょう》を途中《とちゅう》で中止する権利のように、生死に関わるところまで認めていいのか。自己決定権をめぐっては、いろいろと議論がある。

ただ、今日では「自由権」の中心に位置する、とても重要な権利なので、是非ともひ覚えておいてほしい。

人間が自由から逃げ出したくなるとき

自由の重みと孤独《こどく》に耐えられなくなったとき、人間はどんな行動をとるのか。それを研究したのが二〇世紀の精神分析学者、エーリッヒ・フロムだ。彼は有名な『自由からの逃走《とうそう》』という本の中で、「近代社会は人間に自由をもたらしたが、人間はまだそれに適応できず、かえって不安が高まった」と書いている。

当時、ドイツでは、ヒトラーの率いるナチスが、急速に勢力を拡大していた。君は、ヒトラーは強権を行使してユダヤ人を虐殺《ぎゃくさつ》した悪い奴《やつ》だと思っているだろ？　それは間違ってはいないが、ナチスの党員は、ヒトラーに無理やり集められたわけじゃない。みんなヒトラーを崇拝《すうはい》して、自分から進んでナチスに入ったんだ。

自由が辛くなると、人間は、ルールを決めてくれる人を求めるようになる。それで、ドイツの多くの若者が独裁者ヒトラーに狂信してしまった。フロムはそれを「自由からの逃走」と呼んだんだ。

日本では一九九〇年代に、オウム真理教というカルトが地下鉄サリン事件などを引き起こし、大きな社会問題になった。カルトとは、カリスマ的な指導者を中心に、熱狂的な信者を持つ、新興宗教の集団だ。

オウム真理教には、高学歴の青年がたくさん加わっていた。理由はいろいろいわれているけれど、根っこのところにあったのは、豊かな社会に生まれ、才能にも恵《めぐ》まれた若者が、自由の重みに耐えきれなくなった、ということだったんじゃないかな。

もちろん、宗教を信じるのは悪いことじゃない。

ただ、ある宗教の教義に従うとは、自分の自由の一部をそこに委《ゆだ》ねるということだ。宗教の教義という決まり事が自分の生き方や毎日の過ごし方を決めてくれるんだからね。

自由の苦しみから逃避《とうひ》することばかり考え、自分の頭で判断するのをやめて、だれかの教えに盲目的《もうもくてき》に従ってしまうのは、とても危険だ。成績の善し悪しとか運動神経の善し悪しなんかに関係なく、どんな人間にだって、そういう弱いところがある。このことは絶対に覚えておいてほしいな。

このように、自由は決して楽園じゃない。

それなりの目標があり、責任と自覚が持てないと、自由の重みや孤独は地獄のような苦しみを君に与えることだってある。

でもぼくは、自由は素晴《すば》らしいものだと思っている。ぼくたちの先人たちが、多くの犠牲を払って獲得した、人類のかけがえのない財産だ。自由のない時代に戻りたいとは決して思わない。君だってそうだろう？

国民が国の意思決定に参加できる制度

次に、自由に関係して、自由とセットで語られることが多い考え方をとりあげよう。民主主義という考え方だ。

民主主義がどんなものかは知っているよね。国や都道府県や市町村など、社会のあり方を、そこに住んでいる構成員全員で決めるシステムだ。民主主義に基づく社会制度、つまり民主制の対極にある概念は一人の指導者や少数者に権力が集中してしまう独裁制だ。

ホームルームで、何かの委員を決めたり、文化祭の出し物を決めたりするときには、クラス全員で多数決をするよね。このように一つの議題を、構成員全員の多数決で決めるやり方を直接民主制という。

でも、国や地方自治体のように大きな単位になると、一つ一つの議題を全員の多数決で決めるわけにはいかない。膨大《ぼうだい》なお金と時間がかかって、社会が混乱してしまう。そこで、国会・県議会・市議会など議会の議員や、知事・市町村長などの首長を選挙で選び、選ばれた人が、構成員を代表して国や自治体の運営にあたるシステムができた。これが間接民主制だ。

民主主義という制度は、国民が、直接的であれ間接的であれ、国の意思決定に参加しているところがミソだ。

自分のことを自分で決める権利を「自己決定権」といい、基本的人権の中心である自由権の、さらに本質的な要素だと、さっき書いたよね。民主主義は、いってみれば、国に関する事柄、政治についての自己決定権の行使だ。このような権利を「参政権」ともいう。民主主義という制度によって、君たちの自由は、最大限に尊重されるようになっているんだ。

そのような意味で、自由と民主主義は、とても密接な「いい関係」にあるといえる。日本の自由民主党のように、どこの国でも「自由」と「民主」という言葉が入った政党がやたら多いのはそのためだ。

民主主義の最大の弱点は「多数決」

民主主義は基本的人権を保障するための優《すぐ》れた制度だけれど、弱点もある。最大の問題は、民主主義の原則が多数決であることだ。

何かを決めるとき、一番いいのは、全員の意見が一致《いっち》することだよね。だけど、現実的には、そんなことはまずありえない。全員一致でなければ決められないという制度だったら、物事はまったく進まなくなってしまう。そこで、民主主義は多数決という決め方を採用した。

多数決が行われる場では、一票の価値はだれでも同じだ。内気なA君の要求より声の大きなB君の要求の方が通りやすいということが起こらない。各人の意見が数に反映されるという意味で、多数決はとても優れた仕組みだ。だけれど、そのことには同時に、とても危険な面があるんだ。

それは君も感じたことがあるんじゃないかな。

学校のクラスで何かを決めるとき、多数決に押し切られて、「なんだかおかしい」「納得できない」という思いをしたことがあるだろう？

そう、多数決には少数者の意見を完全に無視してしまう危険があるんだ。

「数の力には勝てない」というのが民主主義だ。逆にいえば、「数の力」を駆使《くし》すれば「何でもあり」ということになってしまう。

大勢の人間が集まって一つの社会をつくっている以上、自分と異なる多数の意見に従わなければならないのは、ある程度は仕方ない。

でも、多数の意見がいつも正しいとは限らない。

たとえば、君（S君）が話し上手《じょうず》でクラスの仲間に人気があるとしよう。乱暴者のK君はいつも君のことを妬《ねた》んでいた。そこである日K君は、クラスのほかの子を脅して、ホームルームで「休み時間にS君と口をきいてはいけない」という議題を多数決で決めてしまった。どうだろう？　絶対にあってはいけないことだよね。

もちろん、少数の反対者の意見に反する結果になってしまうのは多数決を採用している民主主義の宿命のようなものだから、少数者はある程度までは我慢しなければならない。

しかし、多数者の利益になるのであれば少数者の利益を侵害するのはやむを得ないという功利主義思想が、大きな危険をはらんでいることについては前にも述べた。

いくら多数の意見であっても、少数者の生命、身体、財産、自由などの基本的人権の核心を侵害する法律をつくるようなことは、決して許されない。

だから民主主義には、「多数の力」で少数者の基本的人権の核心部分を侵害しないようにするための歯止めが必要になるんだ。

狂信的な政党や宗教に走ってしまう危険あり

この問題は、先ほど述べた「自由からの逃走」とも関係がある。

自由の重さと孤独に耐えきれなくなった人たちは、カリスマ的な指導者のいる狂信的な政党や宗教団体に入りやすい、と書いただろう？　こういうムードは、何かのはずみで、社会全体にあっという間に広がって、その政党や団体が一気に勢力を拡大してしまうことがある。

しかも、そのような政党や団体に入る人は、自分たちが何をするべきかを決めてくれる指導者をまったく何の疑いもなく支持して、周りが見えなくなってしまう傾向《けいこう》がある。だから、反対者に対して、普通では考えられないようなひどい仕打ちをしてしまうことがあるんだ。

さっき出てきたナチスがそうだし、いまでも、狂信的な政党が多くの熱烈な支持者の票を獲得して多数派になってしまう国が、実際に存在する。日本だって同じようなことが起こる可能性は、十分ある。


民主主義が、基本的人権を保障するための、よくできたシステムであることは間違いない。

ウインストン・チャーチルというイギリスの有名な政治家は、「民主主義は最悪の政治であるが、いままで存在したいかなる政治制度よりマシである」といっている。チャーチルは、皮肉屋で口が悪いことで有名だったし民主主義選挙で落選の憂《う》き目を見ている。そのチャーチルが「まあ、他の制度よりは民主主義の方がマシだぜ」といっているわけだから、歴史的に見て民主主義よりも成功した政治制度を考えつけなかったんだろうね。

もちろん、ぼく自身も民主主義が最も安全で安定した政治制度だと思っている。有能で道徳的にも優れた指導者が国を引っ張っていった方が望ましい場合もあるだろうけど、指導者が極悪人に代わってしまう危険性や指導者本人の意識が変わってしまうと、国民にとって極めて危険な状態になってしまう。

歴史をぐっとさかのぼれば、古代ローマ帝国《ていこく》も帝政と民主制の間で揺《ゆ》れ動いていた。民主主義には弱点があり、それは自由も同じだ。両方のいい面が回転すればとても優れた制度になるけれど、自由からの逃走者たちが狂信的な多数派になってしまうというように、悪い面同士が組み合わさると、大変なことになる。このビミョーな関係の舵《かじ》取りは、人類の永遠の課題なのかもしれないね。

民主主義の押しつけは間違っている

もう一つ、この章の最後に話しておきたいのは、自由や民主主義は、本当に人類普遍《ふへん》の価値なのかということだ。これは現代の国際社会で大きな問題になっていることで、ぼく自身も、何が正解なのかまだよくわからない。だから、君たちへの問題提起だと思って読んでほしい。

国や文化が異なれば、その国やその文化圏《けん》で生きている人たちの考え方も当然異なってくるよね。

たとえば、イスラム教を信じる国では、イスラム教という宗教のルールが、そのまま国のルールになっている。イスラム教の経典《きょうてん》をコーランという。コーランには、男性と女性が平等でないとか、宗教上の指導者の地位が格段に高いなど、基本的人権の尊重や民主主義の考え方になじまない教えがたくさんある。

以前、G・W・ブッシュが大統領だったとき、アメリカは、イラクが核兵器《かくへいき》を持っているという理由で、国連決議を無視してイラクを攻撃した。そして、当時のイラクの指導者であったサダム・フセインを捕《つか》まえて処刑してしまった。「イラクが核兵器を持っている」というのはウソだったことがわかったのだけれど、アメリカ軍はその後もイラクへの駐留《ちゅうりゅう》を続けた。

アメリカはずっと「イラクの民主化」というスローガンを掲《かか》げていた。イラクはコーランに従うのをやめて、自由と民主主義の国にならなければいけないと考えていたんだ。でも、そのために、イラクでは多くの人命が失われて、いまでも社会の混乱が続いている。

同じようなことは経済の世界でも起きている。

かつて、一九九七年のタイの通貨危機に端を発した国際通貨危機が生じたとき、IMF(国際通貨基金)という国際機関が、通貨危機が発生した国に融資《ゆうし》をし、経済立て直しの際に、自由競争に基づく市場システムを採用するのが一番だという、いわゆる「市場原理主義」を押しつけた。これによって韓国のように経済が立ち直った国もあったけれど、その他の多くの国々は経済的により大きな打撃を受けて国民生活はますます苦しくなってしまったんだ。自由市場システムを受け入れるだけの基盤のない国に、無理矢理自由市場システムを導入してしまったがための悲劇だ。

ノーベル経済学賞を受賞した、スティグリッツ教授はこのようなIMFのやり方に対して、痛烈《つうれつ》な批判をしている。

民主主義や自由市場には、たしかに制度として優れたところがある。だけど、それらの制度がある国に合うかどうかは、その国の文化や経済システムが今日までにたどってきた歴史、国民の意識や生活様式によってまったく異なってくる。

だから、「これは最高の制度だ」といって、民主主義という制度を、それを必要としない国や文化圏に押しつけるのは、極めて自己チューな押し売りなんじゃないだろうか。

もちろん、支配者がその国の富を独占していて国民が貧しい生活を強いられていたり、言論の自由が認められず、政府の意見に反することをいったら逮捕されてしまうような国は、大多数の国民にとって好ましくないものだろう。生命、身体、財産の自由のような基本的人権の核になる部分の保障は、国境を越えた人類普遍の原理だからだ。

でもそれは、よその国が介入するのでなく、その国の国民の自発的な運動によって実現していくべきものなんじゃないだろうか。他の国の主権や文化を尊重することは、国際社会で一番大切なルールなんじゃないだろうか。

もちろんこれはぼくの個人的な意見だ。ぼく自身、これが正解だとは思っていないし、迷うことはたくさんある。

だから君にも、君自身の頭でいろいろと考えてほしい。ぼくも、君たちのような若い人たちの意見を聞いて、自分の考えを深めていきたいと思っている。

第5章 権利を実現するのは大変だ!

「権利が認められる」ってどういうこと？

ここまで、正義とか自由とか民主主義とか、ちょっと抽象的な話をしてきた。よくわからないところもあったかな。でも、法律の網の目が張り巡らされた君たちの生活が、どのような歴史を経てできあがったのか、そのイメージぐらいは持ってもらえたんじゃないだろうか。

ここからは、法律に関する話題の中でも、いまの君たちの生活に直接に関係のある話をしていきたい。

まずは「権利」についてだ。ここまで、基本的人権、自由権、自己決定権など、「権利」という言葉がたくさん登場した。ふだん意識することはなくても、自分たちにはいろいろ大事な権利が認められていることがわかっただろう？

でも、「権利」は目に見えない。だから、ありがたみもよくわからない。権利が認められているとは、いったいどういうことなんだろう？　それにより、君たちの生活には、どんないいことがあるのか？　そういったことを、考えてみることにしよう。

友人がゲームソフトを壊したのに弁償してくれない！

君の友人がうっかりして、君が大切にしているゲームソフトを踏《ふ》んづけて壊してしまった。

さあ、君はどうするだろう。まず「弁償《べんしょう》してよ！」っていいたいよね。

そう、このような事態が起きると、君には友人に対してゲームソフトを弁償してもらう権利が発生する。逆に、友人には君に対してゲームソフトを弁償する義務が発生する。これは法律で認められた権利と義務だ。

これはまさに、アリストテレスが考えた「矯正的正義」の問題だね。

すなわち、君は友人の行為によってゲームソフトを壊されるという損をした。つまり従来よりマイナスの状態にある。その状態をもたらしたのが君の友人なのだから、君の友人には君のマイナス部分を元に戻す義務がある。これが矯正であり、正義だというわけだ。

民法という法律の七〇九条には次のようにある。

「故意又は過失によって他人の権利又は法律上保護される利益を侵害した者は、これによって生じた損害を賠償する責任を負う」

今回のケースに当てはめると次のようになる。

君の友人はうっかりしていて（つまり「過失」によって）、君が大切にしているゲームソフトを壊してしまった（ゲームソフトが君のもので、君が自由に遊んだり処分したりできる、所有権という権利を侵害してしまった）。だから、君の友人は壊してしまったゲームソフトを弁償しなければならない（これによって生じた損害を賠償する責任を負う）。

友人が「ごめん、悪かった」といって弁償してくれたら一件落着だった。でも、この友人は「ぼくのせいじゃないよ！」といって、弁償に応じてくれなかったとしよう。

困った君は、警察に行くことにした。だって、友人は法律で決められている義務に違反したんだからね。法律違反を取り締まるのは警察の仕事だと君は教わったよね。

君がお巡《まわ》りさんに

「ぼくの友人が民法七〇九条に違反したんです。何とかして下さい」

と訴えた。

するとお巡りさんは、

「うーん、警察の仕事は犯罪を取り締まることなんだ。ほら、刑事訴訟《そしょう》法一八九条二項には『司法警察職員（大雑把にいって警察官のこと）は、犯罪があると思料《しりょう》するときは、犯人及び証拠を捜査《そうさ》するものとする』とあるだろ。うっかりしてゲームソフトを壊すのは犯罪じゃないから、君の気持ちはわかるけど、ぼくたち警察官には何もできないな」

なんてことをいう。

それでも君は食い下がった。

「だって、ぼくの友人は法律違反をしているんですよ。これって犯罪じゃないんですか？」

そうしたらお巡りさんはこう答えた。

「犯罪っていうのはね、法律違反すべてを指すわけじゃないんだ。『違反したら刑罰に処す』と書いてある法律に違反する行為が犯罪だ。『過失により他人の財物を壊したら、○○の刑に処す』と書いてある法律はないんだよ。どうしても弁償してほしいんだったら、弁護士さんに相談してごらん。よく役所で弁護士さんを呼んで無料法律相談をやっているから」


君は、なんだか割り切れない気持ちのまま、警察署を出て役所に行ってみた。幸運なことに、その日は無料法律相談の開催《かいさい》日だった。担当の若い女性の弁護士さんは、君の訴えを聞いて、次のように説明してくれた。

「こういう問題は当人同士で話し合って解決するのが一番いいんですけどね。お友だちとの話し合いがうまくいかなくて、それでもどうしても弁償してほしいなら、あなたが裁判を起こすしかありませんね」

君はまた驚いた。

「ええ？　悪いのは義務を果たさない友人なのに、ぼくが裁判所に行って訴えを起こさなければならないんですか？」

弁護士さんの答えはこうだった。

「あ、もちろん、必ずしも裁判を起こさなければならないというものでもありませんよ。簡易裁判所には『調停《ちょうてい》』という手続があります。『即決《そっけつ》手続』というのもありますね。調停というのは……」

友達には弁償する義務があるって法律に書いてあるのに……。どうして、権利があるぼくが、いろいろと面倒な手続をしなければならないんだろう。そんなのおかしい……。

もともと法律違反したのはぼくじゃないのに

ならばということで、君は友人に壊されたゲームソフトと同じものを量販店《りょうはんてん》で万引きしてしまったらどうだろう。そうしたら、すぐ警察に通報されるだろうね。

「弁償すればいいんだろう」などといって開き直ったら、反省の情がないということで窃盗罪《せっとうざい》で逮捕され、留置場に入れられてしまうかもしれない。

もとはといえば、ぼくのゲームソフトを壊して弁償してくれない友人が悪いのに。友人だって法律違反をしているのに、どうしてぼくだけが逮捕されなきゃいけないんだ。

なんだかとてもとてもアンバランスだ……。

私法上の権利と義務、公法上の権利と義務

二つのエピソードを読んでどう思ったかい？　どうしてそんなふうになるんだろうと思った人が多いかもしれないね。

理解するためのカギは、「法律上の権利と義務には二種類ある」ということにある。

二つのうち一つは、友人のような一般人（「私人」と呼ぶ）に対する権利・義務。もう一つは国や都道府県・市町村（便宜《べんぎ》上まとめて「お上」と呼ぶ）に対する権利・義務だ。

前者を私法上の権利・義務と呼び、後者を公法上の権利・義務と呼ぶ。

私法というのは、私人同士の関係を規定している法律。公法というのは、私人と「お上」との関係を規定している法律だ。

君が、友人に今月末に返してもらう約束で一万円貸したとしよう。

すると、民法五八七条に基づいて、君は友人に対して、今月末に一万円を返してもらうという権利を持っていることになる。

逆に、友人は君に対して今月末に一万円返さなければならないという義務を負っていること

になる。

これが私法上の権利・義務の一例だ。

それとは別に、君には国道のような公道を通行する権利がある。

これは、国道を管理している国に対する権利だ。先ほどの権利が友人という私人に対する権利だったのに対し、この権利は国家という「お上」に対する権利だ。

ところが、君が将来免許《めんきょ》を取って、車を運転して国道を走っているときに、道路交通法に違反して警察官に捕まってしまうと、君は「お上」に対して反則金を支払わなければならない義務を負う。

これが、公法上の権利・義務の一例だ。

殺人は私法上の問題？ 公法上の問題？

それじゃあ、ニュースやテレビドラマ、小説の中にもよく登場する「殺人」は、私法上の問題だろうか、公法上の問題だろうか？

ちょっと物騒《ぶっそう》なたとえだけど、君が友人を殺してしまったとしよう。

これは君と友人との間のことだから、私法上の問題のような気もするよね。

でも、殺人を犯せば、警察が君を逮捕しに来る。逮捕されたら、留置場に入れられ、取調べを受けて、裁判にかけられる。裁判では判決で懲役刑が科されたり、場合によっては死刑になることもある。

刑罰を科することができるのは「お上」だけだから、殺人に対する処罰が君と「お上」の間の問題、つまり公法上の関係であることは明らかだ。

余談ながら、リンチのことを漢字で「私刑」と書くだろう。この表現からもわかるように、私人が刑罰を加えることは、傷害罪などの犯罪になるとして禁止されているんだ。

話を戻そう。

殺人について定めているのは公法の仲間である刑法だ。刑法一九九条には「人を殺した者は、死刑又は無期若しくは五年以上の懲役に処する」とあるように、「お上」が独占している刑罰権が発生するのだからね。

殺人罪で処罰されるプロセスは「公法」上の義務であって、君は「お上」に対して義務を負っている。

でも義務だけじゃない。君は「お上」に対して権利も持っているんだ。取調べのときに、いいたくないことはいわなくていいという黙秘《もくひ》権や、逮捕されたときに弁護人を要求できる弁護人選任権などは、被疑者《ひぎしゃ》・被告人（犯罪を犯した疑いのある人）の「お上」に対する権利だ。

では、君が友人を殺したことは、すべて「公法」で処理されるのだろうか？

友人の家族としては、君が死刑になろうが刑務所に行こうが、それだけで納得できるはずがない。

そこで、友人の死亡に対する損害賠償を、君や君の家族に請求することになる。民法七〇九条と七一一条に基づく権利だ。

ちなみに損害賠償はお金によるのが原則だ。友人の生命を金銭で評価して、賠償額が決められる。

これらは、友人の家族と、君や君の家族との間の問題だよね。だから、お金の貸し借りと同じように私法の領域なんだ。

当事者の自由に任されている私法の世界

「お上」を頂点とする三角形を書いてみてほしい。

底辺の二点を結んだ横線の関係が「私法」が適用される領域で、頂点との縦の関係が「公法」が適用される領域だ。

二つの領域の権利・義務にはどんな違いがあるのか、もう少し見ていこう。

まず横の関係についてだ。横の関係である私法が適用される領域においては、裁判を起こした場合を除いて（裁判所は国の機関だ）、お上は原則として一切《いっさい》、口出ししてはならないことになっている。これを「私的自治の原則」という。

「私的自治の原則」だなんて、ああ、また面倒な言葉が出てきたと思っただろうか。大丈夫。これは簡単だ。

「私的自治」とは、読んで字のごとく、私人間のことは当事者の自由に任せるということだ。私人同士でのお金の貸し借りや、損害賠償、恋愛関係のもつれなどのトラブルをどう解決するかは各人の自由、ということなんだ。

だから、さっきの例でいえば、君が殺してしまった友人の家族が、君や君の家族に損害賠償請求をするかどうかは、友人の家族の自由だ。友人の家族は、君のことが大好きだから損害賠償請求をしないといって、権利を放棄《ほうき》することもできるんだ。

それに対して、「それでは筋が通らないから賠償請求をしなさい」と、「お上」がお節介で干渉することはできないことになっている。

「ゴメンナサイ」では済まない公法の世界

これに対し、「公法」の分野では、個人の判断で権利を行使したりしなかったりするなど、好き勝手なことは基本的に許されない。

君が友人を殺したとしたら、警察は捜査を開始して犯人である君を逮捕しなければならない。「お上」である警察が、「ああ、彼（君のことだ）はもともと心のやさしい少年だから、きっと何かの間違いだろう。逮捕するのはかわいそうだ」といって勝手に捜査をやめてしまうわけにはいかない。殺された友人の家族が「彼も反省していると思いますから」と許してくれてもダメだ。

公法の例としては、たとえば建築基準法という法律がある。第一条には「この法律は、建築物の敷地《しきち》、構造、設備及び用途に関する最低の基準を定めて、国民の生命、健康及び財産の保護を図り、もつて公共の福祉の増進に資することを目的とする」とある。これは、建物を注文した人や、工事する人が、国に対して負っている義務だ。ハウスメーカーや大工さんは、この基準を守って建物を建てなければならない。

君のところで家を新築することになったとしよう。そのときお客さんである君の側が「そんなに安全にしなくていいです。安い材料を使ったり、柱の数を減らしたりして、とにかく安くつくってください」とハウスメーカーにお願いしても、基準に満たない家は建てられないんだ。

もちろん、公法であっても、適用するかどうかは相手の意向次第という場合はある。でも原則として、公法の領域では法律が厳格に適用されることがとても多いんだ。

実力行使で解決するのは禁止

私法の領域では、権利・義務の行使は、原則として当事者の自由に委ねられている。このことを逆にいえば、私法の領域でのトラブルは、自分で解決しなければならないということになる。

たとえば「お金を貸した相手が返してくれない」といって、警察に駆けこむ人が実はたくさんいる。でも、お金の貸し借りは私法の領域なので「お上」である警察は口出しできなかったよね。

それじゃあ、返さない人の家に無断で上がり込んで、金庫をあけて強引に返してもらうことができるかというと、これはできないんだ。

法律の世界では、権利が侵害されたときに、実力行使で、侵害された権利を回復させることは、原則として禁止されている。これを「自力救済の禁止」という。

てほしい。

「悪いのは返さない奴なのにどうして?」と、君は憤慨《ふんがい》するかもしれないね。でも、考えてみてほしい。

君が友人の家に押しかけて、たまたまテーブルの上に置いてあった一万円札を「返してもらうからな」といって取り戻してくるのであれば、まあ平和的解決だといえるだろう。

しかし、お金を貸してくれた業者が実は暴力団で、返済が遅れている人の家に行って、ナイフをちらつかせたりして散々脅して、強引に財布を持っていってしまうのはどうだろう? そんなことが認められるなら、お金を貸した人はみんな暴力団に取り立てを頼むようになってしまうかもしれない。そうしたら世の中大変なことになるだろう?

このように、自力救済を認めてしまうと、暴力的な力による解決が世の中にはびこり、当事者だけでなく、周囲の人たちも安心して生活できなくなる恐れがある。だから、世の中の平和と秩序を保つために、自力救済は原則として禁止されているんだ。

裁判を起こすのはお金を返してほしい方

では、お金を貸した友人が期限に返してくれないときはどうしたらいいのだろう?

まず、君は一生懸命友人を説得して、お金を返してくれるよう要求するだろう。場合によっては、友人の家族にそのことをいって、友人を説得してくれるよう頼むかもしれない。
それでもお金を返してもらえないとき、君がとれる選択肢《せんたくし》は二つだ。

1 裁判所に訴える
2 あきらめる

裁判なんて、弁護士を頼まなきゃできないし、お金も時間もかかるじゃないか？ 多くの人はそう考える。

もっとも日本では、訴訟を起こすには弁護士を付けなければならないという「弁護士強制主義」を採用していない。弁護士に頼まなくても、自分で裁判を起こすことは可能だ。

だけど、法律の素人《しろうと》である君が、あれこれ調べて裁判所に提出する書類を作成したり、いままで一度も入ったことのない法廷に出ていかなければならないのは、何とも面倒だし不安だ。

一万円を取り戻すのにそれだけの労力を費《つい》やすのは、正直、割に合わない。

でも、貸しているお金が一万円じゃなく一〇〇〇万円だったとしたらどうだろう？ 多少の費用と時間がかかっても、裁判を起こす人が多いだろうね。

ここで君はあらためて思うだろう。

「そもそも悪いのは借りたお金を返さない友人の方なのに、どうして自分が費用と時間をかけて裁判を起こさなければならないんだ？　世の中、絶対に間違ってる」

君のいい分は納得できる。でも私法上の権利の実現というのは、そういうものなんだ。

この点について、ドイツの有名な法学者であるイェーリングは、「たとえわずかな権利でも、自らの権利を守るために、必ず法的闘争をすべきだ。それを回避しようとするのは臆病者《おくびょうもの》だ」と書いている。まさに「正義の闘士《とうし》」だね。

数年前、そのイェーリングの主著『権利のための闘争』が、古書店で一〇〇円で売られていたのを見たぼくは「学生時代に愛読した偉大なる法学者の主著であっても読みたい人がいなければ価値が低くなってしまうんだなあ」と何とも複雑な気持ちになったものだ。

もっとも、そのとき、ぼくの手元に『権利のための闘争』がなかったので、ラッキーとばかりに喜んで買ってしまったことも告白しておこう。

あれこれ悩《なや》まなければならない君に比べて、君の友人の方は実に気楽なものだ。

君が裁判を起こしてこないんだったら、返済せずに放っておけばいい。そのまま年月が過ぎれば、なんと、返済の義務はなくなってしまうんだよ。驚いたかい？

私人間でお金を貸し借りしたとき、返済の義務は、商売上の貸し借りであれば五年、そうでない場合は一〇年でなくなる。これを消滅《しょうめつ》時効という。借りている人が、「時効だからもう返さないよ」といって時効の援用《えんよう》ということさえすれば、それでチャラにできてしまうんだ。

もし、君が裁判を起こしてきたとしても、どうってことはない。友人が君からお金を借りたことを認めれば裁判はそれで終わり。判決では「被告（友人）は原告（君）に〇〇円を支払うように」と命じられる。友人がそれに応じないときは、君は友人の財産を差し押さえるよう、申し立てることができる。でも、友人が無職で収入がなく、自分名義の不動産など差し押さえるべき財産が何もなければ、君には打つ手がないから、友人としては痛くもかゆくもない。

さらにいえば、友人は裁判所に出頭する必要すらない。

法律にのっとって呼び出し状が届いているにもかかわらず、それを無視して裁判所に出頭しない場合、敗訴《はいそ》判決となると民事訴訟法で規定されている。これを欠席判決という。裁判で負けてもいいやと開き直れば、裁判所から呼び出し状がきても、放っておけばいいということなんだ。

権利の上に眠る者は保護せず

ここまでのところからわかるように、私法上の権利というものは、義務者が応じてくれないかぎり、黙《だま》っているだけでは原則として実現できない。

これは私法上の権利だけじゃない。

公法上の権利だって、役所の窓口に行って手続をするなど、自分から動かなければ実現しないものはたくさんある。たとえば、最近ニュースで話題になることが多い生活保護法は、私人が「お上」に対して生活保護費を支払ってくれと請求する権利を定めたものだ。「お上」の方が、生活が苦しい人のところにやってきて、お金を支給してくれるわけじゃない。生活保護を受けたい人は、自分から役所に行って申請《しんせい》しなければならない。

法律の世界ではこれを「権利の上に眠《ねむ》る者は保護せず」という。

権利というのは、棚ぼた的に与えられたものじゃない。先人たちの長年の努力によって勝ち取られたものなんだ。でも人間は一度権利を手にしてしまうと、最初からそれがあって当たり前のように思ってしまう。もし自分から動かなくて黙っていても、権利の恩恵《おんけい》だけを空気みたいに受け取れるようになったら、権利意識がどんどん希薄《きはく》になってしまう。そんな人間が増えたら、先人たちの努力が無になるだけでなく、権利、ひいては個人の基本的人権そのものが衰《すい》退《たい》してしまいかねない。

だから、個々のレベルにおいても権利を行使することなく惰眠《だみん》をむさぼる者を法は保護しないことにしているんだ。

「権利と義務」というと、権利を持っている人の方が立場が上、権利を持っている人の方が得、そういうイメージを抱《いだ》くだろう。

抽象的な言葉の上での権利や義務については、確かにそういう面がある。でも現実の世界ではそれとは逆で、権利を持っている者が、実現のために多くの努力をしなければならない。そのことを忘れないでほしい。

第6章 法律を読んで頭を鍛える

1 憲法の枠組みを知っておく

法律の読み方にはコツがある

この章では、法律の読み方を説明しよう。

「法律なんて堅苦しいし、難しくて読めない」と思っている人が多いかもしれないね。でも、日本の法律は、当たり前のことだけど日本語で書いてある。だから普通に国語の知識があれば読むことができるはずだし、そうでなければならない。

だって、普通の国語の知識で読めない表現で書かれていて、それに違反したから刑罰に処せられたというのでは国民はたまったものじゃないからね。

ただ、法律の文章が独特であるのは事実だ。慣れないと、マンガや小説を読むときのようにスイスイと読んでいくわけにはいかない。法律用語や言葉上の約束、解釈《かいしゃく》に迷ったときの判断の仕方など、理解するのに必要な、ちょっとしたコツがある。

そして、日本のすべての法律は、つきつめれば、同じ価値観に基づき、同じ目的でつくられている。その絶対的な基準になっているのが、日本国憲法に規定されている個人の基本的人権の尊重であり、基本的人権を守るための制度だ。憲法は英語で「constitution」(国家の制度、枠組《わくぐ》みという意味)という。日本国憲法であれば日本国の価値基準を示した上で国家の根本的枠組みを定めている。だから憲法は法律より上にあり、国会でつくられる法律は、後でも述べるように、憲法に違反してはならない。

だから、法律を正しく理解するためには、憲法という枠組みを理解することが欠かせない。

そこでまず、憲法と法律の関係について、説明していくことにしよう。

憲法の最高原理は基本的人権の尊重

これからは、小中高の学習指導要領で「法律科目」が必修になってくる。でも、これまでも憲法だけは社会の科目の中で扱っていた。中学受験の社会でも中学校の公民でも、「六法」の中の憲法についてだけは勉強することになっている。ちなみに「六法」とは、憲法、民法、刑法、商法、民事訴訟法、刑事訴訟法の六つを指す。たくさんある法律の中でも、最も基本的で重要な法律だ。

どうして憲法だけは従来の社会科で必須《ひっす》科目だったのだろう？

『六法全書』の最初に書いてあるから、その順序に従って……なんて理由じゃないことくらいはわかるよね。

憲法は、その国の価値基準を示した上で国家の根本的枠組みを定めている。だから、「最高規範」とも呼ばれる。日本という国の価値基準と根本的枠組みを、将来を担う君たちが知らないのはとてもまずいよね。だから、憲法はこれまでの社会科でも必須科目だったんだ。

明治時代の大日本帝国憲法の価値基準は天皇《てんのう》主権だった。じゃあ現在の日本国憲法の価値基準は何だろう？

「国民主権」「基本的人権の尊重」「平和主義」。

そう、それが日本国憲法の三大原理だと教科書には書いてあるね。

でも、この三つは実は対等じゃないんだ。「基本的人権の尊重」が最高の原理で、「国民主権」と「平和主義」は、基本的人権を尊重するための「制度」にすぎない。

前にも話したように、国民が国政に参加して国家の行く末について最終的意思決定を下すこと（これが「国民主権」だ）は、国民自身の基本的人権を最大限尊重するための制度だ。つまり、自分たちの基本的人権を守るためには、自分たちで国家の方向性について決断をすることが一番だということだね。

また、国が戦争状態で生命の危機にさらされていたら、基本的人権の尊重も何もあったもんじゃない。その意味で、平和主義も基本的人権を保障するための前提となる制度といえるんだ。

基本的人権は、大きく「国家からの自由」と「国家に対する権利」の二つに分けられることは前に説明した。

近代市民革命などを経て、歴史的に最初に生まれたのが、不当に国家から干渉されない権利である「国家からの自由」だ。これにより、人々は自分の財産を所有し、それを元手にして自由に商売ができるようになった農民は農地を出て都市に住むことができるようにもなった。言論の自由が認められ、政治参加もできるようになった。

日本国憲法の二一条「言論の自由」や、二二条「居住、移転及び職業選択の自由」、二九条「財産権」などは、これらの価値を反映した規定だ。

その後、資本主義経済の発展に伴って、貧富の差が拡大し、「国家からの自由」を保障するだけでは不十分であることが明らかになってきた。そこで、最低限度の生活を保障してくれと国家に請求する権利、つまり「国家に対する権利」が生まれるようになった。

日本国憲法でいえば、二五条の「生存権」がそれを反映した規定だ。

また、ふだんはあまりその大切さを意識することがないかもしれないが、三二条「裁判を受ける権利」など、裁判に関する規定もとても重要だ。

「中世の暗黒裁判」という言葉を聞いたことがあるだろうか。近代以前には、何も悪いことをしていないのに、単なるいいがかりのような理由で、役人に捕まって連行されるなんていうことがよくあった。秘密のうちに裁判が開かれて、だれも知らない間に処刑されるなんていうことも日常茶飯事《さはんじ》だったんだ。

いまではそのような国家権力の横暴は認められず、公開の法廷で公正中立な裁判官による裁判を受ける権利が認められている。

法律は憲法に反してはならない

憲法が最高規範であるとは、法律は、憲法が示す国の価値基準に基づいてつくられていることを意味している。日本の法制度の頂点にあるのが憲法で、すべての法律は、憲法の基準に反しないよう、その下に位置づけられているんだ。

たとえば、前に出てきた生活保護法は、二五条の生存権に基づいた法律だし、「裁判を受ける権利」の下には、実際の裁判のやり方を定めた刑事訴訟法や民事訴訟法という法律がある。

すべての法律は憲法に反してはならない。だから、国会で新しい法律がつくられるときには、憲法に反するところがないか、細かくチェックされる。

でも、万一に備えて、憲法に反する法律が存在する場合のことも考えておかなくてはならない。そこで、実際に適用された法律が憲法に違反しているかどうかを判断するために、裁判所には「違憲審査権《いけんしんさけん》」という権利が与えられている。

審理の結果、「この法律は憲法に反している」と判断すれば、裁判所は違憲判決を下す。

もっとも、裁判所にできるのはここまでだ。憲法四一条に「国会は、国権の最高機関であって、国の唯一《ゆいいつ》の立法機関である」と書かれているように、法律をつくったり廃止したりできるのは国会だけなんだ。

だから国会は、違憲判決が出たら、その法律を廃止したりそれに代わる新しい法律をつくったりするなど、迅速《じんそく》に対応しなければならない。

すごく駆け足の説明だけど、憲法の価値基準は、このような仕組みによって守られているんだ。

違憲の判決が下された、刑法二〇〇条尊属殺

現在の日本国憲法が施行されてから、最高裁判所はこれまでに八回、違憲判決を出している。

そのうち特に有名なのが、「尊属殺違憲判決《そんぞくさつ》」だ。社会科の資料集などには必ず載《の》っているか

ら、知っている人もいるかもしれない。

どんな事件だったか、簡単に紹介しておこう。

ある地方都市に、娘に性的な虐待を繰り返すひどい父親がいた。虐待は一五年以上も続き、娘と無理矢理に関係を持って、五人も子どもを生ませていた。そして、娘に恋人ができ、その男性と結婚しようとしたら、それを邪魔しようとして、娘を監禁《かんきん》してしまったんだ。娘はついに思いあまって、どうしようもない父親を殺してしまった。

当時、刑法には、通常の殺人罪（一九九条）とは別に、二〇〇条「尊属を殺したら、死刑又は無期懲役」という規定があった、ここでの尊属とは、父母・祖父母のことだ。

他人を殺したときの刑罰は「死刑又は無期若しくは五年以上の懲役」だ。それに比べると、尊属を殺した場合の刑罰は非常に重い。この事件の場合も、こんな極悪非道な父親なのに、父親というだけで彼女の罪が重くなるのはおかしいと、法律の不合理さを批判する声が多かった。

そして最高裁は、この刑法二〇〇条を「法の下の平等」を規定した憲法一四条に違反すると判断し、被告人の娘に刑法二〇〇条を適用してはならないという判決を出したんだ。

ただ、最高裁が違憲判決を出したからといって、すぐに刑法二〇〇条がなくなったわけじゃない。その後二〇年以上、刑法の条文には二〇〇条が残っていた。廃止されたのは一九九五年のことだ。図書館に行って古い六法全書を調べてみたら、刑法二〇〇条の条文が載っているはずだよ。

違憲と判断された法律が、なぜ二〇年以上も残ってしまったんだろうか。

それはさっきも書いたように、最高裁判所は、ある法律が憲法違反だという判断をすることはできるけど、法律を廃止したりする権限はないからだ。

法律をつくったり、廃止したりできるのは国会だけだ。本来なら、違憲判決が出たら、国会はできるだけ早く対応しなければならない。だけど、尊属殺規定を廃止してしまうと、国民の間で両親や祖父母を敬う気持ちが薄《うす》れてしまうんじゃないかと危ぶむ声が、国会議員の間で根深かった。それでなかなか廃止にならなかったんだね。

その間、両親や祖父母を殺した人は、どのように処罰されたのかって？

それは、普通の殺人罪で処罰された。犯罪を行った疑いがある人を裁判にかけるために起訴するのは検察庁の仕事だ。検察庁が、「どうせ刑法二〇〇条で起訴しても、違憲判決を下されるだろうから、普通の殺人罪である刑法一九九条で起訴しよう」という方針をとったので、違憲判決以降、法律が残っていても、刑法二〇〇条で起訴されて処罰される人はいなかったというわけだ。

憲法が変わっても変わらずに残った法律とは?

ここまで読んできて、君は疑問に思うかもしれない。

じゃあ、国の価値基準である憲法が変わったら、その価値基準に基づいて成立した法律も全部変えなきゃいけないっていうこと?

たしかに、憲法の価値が一八〇度、転換してしまったら、それまでの法律は全部ひっくり返って、憲法違反になるような気がするよね。

実際、日本ではそういうことが起きた。明治時代に制定された大日本帝国憲法は天皇主権という価値基準を持っていたけど、第二次世界大戦での敗戦後に制定された日本国憲法は、国民主権という価値基準だ。これは一八〇度の転換といっていいぐらい大きな変化だ。

これにより、反政府的な言論を取り締まる治安維持法のような法律は、新しい憲法の下では違憲だから廃止になった。刑法にあった不敬罪(皇室を批判したり侮辱する行為を罰する)や、民法にあった女性差別的な規定も廃止になった。

でも現実には、民法、刑法、商法など多くの法律の条文は、新憲法後もそのまま残ったんだよ。

余談だけど、少し前の商法の条文には「番頭、手代《てだい》、丁稚《でっち》」なんて表現が出ていた。時代劇の世界じゃないかって思うだろ？　実はこれ、ぼくにとっては笑い話で済まなかった。

ぼくが司法試験を受けたときには、まだこういう表現が残っていた。しかも論文試験や、最終の口述試験の範囲に入っていたから、試験前になると「番頭って今の会社では副社長に当たるんだったっけ？」なんて大真面目に勉強したのを、今でもよく憶えている。

最高の価値基準である憲法が変わったのに、多くの法律がそのまま生き続けたのはどうしてだろう？

それは、国家の価値基準がどのように変わろうとも、人間の営みとして普遍的なものがたくさん存在しているからなんだ。

天皇主権から国民主権に変わっても、借りたお金は返さなければならないし、人を殺せば処罰されるよね。親子はやっぱり親子だし、生きていくために必要な食べ物や住居は何ら変わりはない。

実は人間社会では、政治体制のような価値基準に左右されない、「価値中立的」な領域の方がかえって広いんだ。

価値中立的という表現はわかりにくいかな?

いい換えると、私人間のトラブルは、「その国や地域の慣習や文化」に沿って解決するのが適しているということなんだ。だから、私人間の関係を規定する私法も、憲法の下に位置づけられてはいるけれど、実際には、「その国や地域の慣習や文化」に基づいて、適用されたり解釈されたりしている。

価値基準である憲法が変わってもそのまま生き続けた法律が少なくないのはそのためなんだ。逆に、憲法の価値基準が変わらなくとも、慣習や文化が変われば、それに合わせて私法を変えなければならないことがある。


この章のはじめに、「日本の法律制度の頂点にあるのが憲法で、すべての法律は、憲法の基準に反しないよう、その下に位置づけられている」と書いた。それは間違いないのだけれど、数学の公式のように、憲法と法律の関係は、それだけですべていい表せるわけじゃない。それは、憲法とか法律より、まず、人間が生活する生身の社会が先にあるからなんだ。

そういう背景を理解すると、法律って無味乾燥《かんそう》ではなく、かなり人間くさいものに思えて、おもしろく感じられないだろうか？

2 条文と判例を読んでみる

「法律を知らなかった」は言い訳にならない

ではいよいよ、法律の読み方を説明していくことにしよう。でもその前に、もう一つ、知っておいてほしいことがある。

まだ本題に入らないの？ 前置きが長すぎるって？

悪い悪い。でもこれも、君の生活に直接関係がある、本当に大切なことなんだ。

それは、「法律の不知は言い訳にならない」ということだ。

法律は、施行されれば「国民全員が知っている」ということになる。もし君が何かの法律に違反したとするね。その法律には、違反すると処罰するという規定があった。そうすると、君が不知、つまりその法律を知らなかったとしても、君は処罰を受けるということなんだ。

これについては、ぼく自身、苦い経験がある。

あるとき、原動機付き自転車（普通にいえば「排気量《はいきりよう》五〇ccの原チャリ」）に乗っていて、自動車の右折車線に入って自動車の後ろについて右折した。

右折したとたんに、後ろからパトカーがサイレンを鳴らして走ってきた。

まさか自分のことじゃないと思っていたら、「そこのバイク、止まって下さい」とスピーカーから声が聞こえた。パトカーはもう追いついて、横を走っていたので、中にいる警察官に「ぼくのこと?」と自分の方を指さしたら、「そうそう」とうなずいた。

ぼくはとりあえず止まって、「私が何か違反をしたのですか? 信号無視もしていないしスピードも出していないし……」と、降りてきた警察官にいった。

すると、その警察官は、「これ五〇ccですよね。五〇ccの場合、大きな通りを右折するときは道路の反対方面に直進して、九〇度右を向いて、正面の直進信号が青になるのを待ってから進行しなければいけないのです。普通の車のように、右折車線を右折するのは違反です」と、答えたんだ。

要するに、五〇ccの原チャリは、三車線くらいの広い道路を右折するときは、歩行者と同じように一度道路の反対側まで行って、九〇度「右向け右」をして、正面の信号が青になってから進まなければならないことになっていたんだ。

そんなことは、運転免許の更新《こうしん》のときにもらった教本には書いてなかった。弁護士のぼくが知らないんだから、一般には知らない人がほとんどなんじゃないだろうか。

しかし道路交通法にそう書いてあるのであればやむを得ない。ぼくはしっかり「違反切符《きっぷ》」を切られてしまった。

その後、ネットの記事か何かで、原チャリの右折についての道路交通法の規定を知っている人は少ないし、このような規定は意味がないのではないか、という意見が掲載されているのを見かけた。ぼくと同じような経験をした人が、たくさんいるんだろうね。でも廃止されるまでは生きた法律なので、弁護士であろうが裁判官であろうが、「知らなかった」では済まされないんだ。

どんな法律が施行されたかなんて、いちいち知らないよ。そんなものでいきなり違反になったり処罰されたりしたんじゃやかなわない。

君はそんな文句をいうかもしれない。

でもね、「知らなかった」で通るなら、警察に逮捕されそうになったとき「そんな法律は知りませんでした」といって、みんな逃げることができてしまう。

それに、普通の人たちよりも法律をよく知っている弁護士ばかりが犯罪者になってしまって、不公平じゃないか（これは冗談。でも理屈ではそういうことになる）。

ただ、国民がどんな法律があるのかをまったく知る機会がないのに、「不知は言い訳にならない」といって罰するのは、不合理だ。そこで、国が全国民を対象に出している新聞のような「官報」というもので公開することによって、全国民がそれを知ったということにしているんだ。

「官報」って聞いたことがあるかい？

「官」つまり「お役所」からの「報告」もしくは「報道」といったらいいのだろうか？

普通の新聞の三倍くらいの厚さ（イギリスの「フィナンシャル・タイムズ」という新聞くらいの厚さ）のある代物《しろもの》で、細かい字がぎっしり詰まっている。おそらく君は見たことがないだろうけど、都道府県庁所在地の官報販売所や主要都市の政府刊行物サービス・センターへ行けば買える。公立図書館で閲覧《えつらん》することもできる。

現在では、ネットで無料閲覧ができるようになっている。ずいぶんと見やすくするための工夫がなされているので、一度ぜひ「官報」で検索して、どんなものかを見てほしい。

さあ六法を開いてみよう

さて、もし君の家に六法があったら開いてみてほしい。

もちろん、家にない人でもわかるように説明していくから心配しなくてもいい。

六法とは、先に書いたように「憲法、民法、刑法、商法、民事訴訟法、刑事訴訟法」の六つの法律を指す。だけど、六法と書いてある辞書のような本にはこの六つの法律以外の法律も載っている。正確には法規集と呼ぶべきなんだろうね。明治時代、日本が近代化を進めるために大急ぎで編纂《へんさん》したのがこの六つの法律だった。それ以来、法規集のことを六法と呼んでいるんだ。

法律に興味があって、六法の一冊くらい買ってみようというのであれば、個人的には『模範六法』、またはサイズを小さくした『模範小六法』(いずれも三省堂)をお勧めする。『模範六法』は、条文ごとに、裁判所がその条文を適用して出した判決である「判例」がたくさん掲載されているので、文字だけの条文だけでなく条文の生きた実例を一緒に見ることができるからだ。

最近は、『判例六法』(有斐閣《ゆうひかく》)という判例付き六法も出ていてサイズもコンパクトなのでそちらもお勧めだ。弁護士をはじめとする実務家の多くは、サイズが手ごろで判例付き六法としては歴史のある『模範六法』を使っているけど、実務家じゃない君は、好みでどちらを選んでも差し支《つか》えない。

i 「又は」と「若しくは」

刑法二三〇条の名誉毀《き》損《そん》の条文は次のように書いてある。

「公然と事実を摘示《てきじ》し、人の名誉を毀損した者は、その事実の有無にかかわらず、三年以下の懲役若しくは禁錮《きんこ》又は五〇万円以下の罰金に処する」

(不特定多数の人の前、若しくは知りうる状態で、他人の社会的評価を低下させることをいったり書いたりしたら、それが事実であろうとなかろうと、三年以下の懲役若しくは禁錮又は五〇万円以下の罰金に処す、ということだ)

ここで着目してもらいたいのは「三年以下の懲役若しくは禁錮又は五〇万円以下の罰金に処する」というところだ。

名誉毀損で有罪になった場合のことを書いてあるのだけど、「若しくは」と「又は」がひとつの条文に出ている。

「又は」が英語の「or」の意味であるのは知っているよね。

「この抽選《ちゅうせん》に当たった方にはお望みに応じて、ハワイ一週間の旅行、ペアでの豪華ディナー券、又は全国百貨店共通商品券二〇万円分を差し上げます」

というふうに使われた場合、抽選に当たった人は「ハワイ一週間の旅行」か「ペアでの豪華ディナー券」か「全国百貨店共通商品券二〇万円分」の三つの中からどれでも一つを選ぶことができる。

この三つの景品の間に優劣《ゆうれつ》の関係はなく、当たった人はどれを選んでもいい。ただし選べるのは一つだけ。三つ全部の景品をもらうことができないのはもちろんのこと、「ハワイ一週間の旅行」と「ペアでの豪華ディナー券」というふうに二つもらうこともできない。

法律の文章では、「又は」を三つ以上に使うときは「A、B、又はC」「A、B、C、又はD」というふうに、最後に「又は」をつけて、それ以前の分は句読点を付けることになっている。

では、「若しくは」が出てきたときはどう読むか？

結論からいうと、「又は」が大分類で「若しくは」が小分類となる。

名誉毀損の例だと、「三年以下の懲役若しくは禁錮」又は「五〇万円以下の罰金」という分類になる。

これは、裁判官が判決を下すときや、検察官が求刑するとき、「三年以下の懲役若しくは禁錮」にするか「五〇万円以下の罰金」にするかを先に決めるということを意味している。

そうか刑務所行きにするか罰金で済ませるかを先に決めるんだな、と思った君はとても鋭《するど》い！

まさにその通りで、刑務所行きにするか罰金で済ませるかを先に決めておいて、刑務所行きになった場合に「懲役」にするか「禁固」にするかを決めるんだ。

ちなみに懲役と禁固の違いは、懲役が刑務所内で強制的に労働させられるのに対し、禁固は強制労働を課せられないという点にある。もっとも、身柄を拘束されて何もしないでいるのは大変な苦痛だから、禁固刑を宣告された受刑者のほとんどは志願して労働をしている。

法律の条文では大分類が「又は」で小分類が「若しくは」となっている。

混乱して間違えそう？　だったら絶対に間違えないコツを伝授しよう。

日常でよく使う「又は」の方が大分類だと憶えておけばいいんだよ。

ii「及び」と「並びに」

先ほどの「又は」や「若しくは」が英語でいえば「or」に当たるのの逆、「and」の場合を見てみよう。「及び」と「並びに」だ。

法律の文章で並列して書くときのルールは「又は」と同じで、次のようになる。

「この抽選に当たった方には、ハワイ一週間の旅行、ペアでの豪華ディナー券、及び全国百貨店共通商品券二〇万円分を差し上げます」

つまり、最後に「及び」を使って、それまではいくつあっても「句読点」で区切って並べていくんだ。

この抽選に当たった人は、「ハワイ一週間の旅行」と「ペアでの豪華ディナー券」と「全国百貨店共通商品券二〇万円分」を全部もらえてしまう。うらやましいね。

「and」の場合は「並びに」が大分類、「及び」が小分類となる。

これが非常に間違いやすい点だ。「or」の場合は日常的によく使われる「又は」が大分類であるのに対して、「and」の場合は原則として「及び」とセットのときだけ使われる「並びに」が大分類になっているんだ。

まあ、憶え方としては、英語の「or」と「and」は意味が逆で、大分類と小分類も使用頻度《ひんど》が逆だと理解しておけばいい。その上で、「or」の大分類は日常的によく使われる「又は」だとしっかり憶えておこう。

「及び」と「並びに」を、カレーのつくり方の文章で表現してみると次のようになる。

「カレーをつくるために買ってこなければならないのは、新鮮な、豚肉《ぶたにく》、人参《にんじん》、及び玉ねぎ、並びにカレールーだ」

この場合、「豚肉、人参、玉ねぎ」がひとつのグループで、「新鮮な」という形容詞はこの三つにかかる。そして「カレールー」という大分類と「and」で結ばれる。

もし、「新鮮な」が「カレールー」にかかるとしたら……かなり意味不明な文章になってしまうよね。

えっ、じゃがいもが抜けてるって？　抜けてるんじゃない。ぼくはカレーにはじゃがいもを入れない主義なんだよ。

iii「みなす」と「推定する」

最初に質問だ。

「結婚している夫婦の間に生まれた子どもは、夫の子とみなす」

という表現の法律と、

「結婚している夫婦の間に生まれた子どもは、夫の子と推定する」

という表現の法律があったとしよう。

別の男性が「子どもは自分の子どもだ」といって現れ、DNA鑑定《かんてい》をやったところ、子どもの父親がその男性だという結果が出たとしよう。

二つの条文の表現の違いで、結論に違いが出てくるだろうか？ もし、違いが出てくるとしたら、どのような違いが出るのだろうか？

ちょっと難しいかな？

感覚で考える前に「みなす」と「推定する」という表現を広辞苑《こうじえん》で調べてみよう。

広辞苑では次のような説明がなされている。

「みなす」＝「見做す・看做す」 見てこれだと仮定または判定する。実際はどうであるかにかかわらず、こういうものだとして扱う。

「推定」 法律関係または事実が明瞭《めいりょう》でない場合、争いや不確定な状態を避けるために法が一応下す判断。当事者がこれに異なることを証明したときは効果を失う。

これで、二つの表現の違いがわかっただろう？

（余談だけど、わからないときは、すぐにだれかに頼ったり、わからないまま放っておいたりしないで、必ず自力で調べる癖《くせ》をつけておこう。これからの世の中では「調べる力」を持っているか否《いな》かが、とっても大きな差となってくる）

「結婚している夫婦の間に生まれた子どもは、夫の子とみなす」という表現は、実際はどうであるかにかかわらず、夫の子として扱う、という意味になる。

だから、実際に子どもの父親が別の男性であっても、夫の子として扱うことになる。

それに対して「結婚している夫婦の間に生まれた子どもは、夫の子と推定する」の場合は、法律が一応は夫の子であると判断を下すけど、当事者がそうではないことを証明したときは効果を失う、という意味になる。

だから、別の男性が現れて、子どもの父親がその男性だということが証明されれば、夫の子だという効果は失われることになる。

憶え方としては「推定は破られる」と憶えておけばいい。

実際の民法の条文では、もちろん「推定」という言葉が使われている。そうじゃなかったら大人の事情で、子どもの権利が厄介なことになってしまう。

妻が婚姻《こんいん》中に懐胎《かいたい》した子は、夫の子と推定する

これが民法七七二条だ。

「文字通りの意味」から外れるのは許される？

君はガールフレンドやボーイフレンドと聞いたら、どんな付き合いだと思うだろう？ステディに付き合っている「恋人」のような相手と考える人もいれば、単なる「異性の友だち」と考える人もいる。

昔は、どちらかというと「恋人」と解釈する人が多かったけど、最近は「異性の友だち」と解釈する人の方が多くなった気がする。

このように、同じ言葉でも、解釈する人や時代によって、受け取る意味が異なってくることがある。文章でも同様だ。

法律に使われる言葉や、条文の文章は、一応、だれが読んでも同じ意味に受け取れるようにはなっている。だけれど、法律を実際に起こった事例に当てはめて適用するときには、その言葉や文章が何を意味しているのかという解釈の仕方が、大きな問題になることがある。

そこで、以下では、解釈にはどんな種類があって、実際にどのような事例で問題になるのかを説明しよう。

i　拡張解釈

拡大解釈ともいわれている。

法律を解釈するときに、用語や文字などを、法律がつくられた目的に照らして、日常一般に使われている意味以上に拡張して解釈する方法だ。

たとえば、「人の顔に傷が残るケガをさせた者は五年以下の懲役に処する」という法律があったとしよう。

君が友人と喧嘩をして、髪の生えている後頭部に傷が残るケガを負わせたとしたら、この法律によって君は五年以下の懲役に処せられるのだろうか？

顔とは広辞苑によると「目・鼻・口がある頭部の前面」と書かれている。だから、通常、後頭部は顔には含まれない。

それを「首より上の部分は顔とみなす」と解釈するのが拡張解釈だ。法律上、このような解釈は認められるのだろうか。

ii 縮小解釈

これは拡張解釈の反対で、法律を解釈するときに、用語や文字などを、法律がつくられた目的に照らして、日常一般に使われている意味以上に縮小して解釈する方法だ。

たとえば、本屋さんでは本しか売ってはいけないという法律があったとしよう。

ある出版社が「文字がまったく書かれていない絵本」を出した。日常一般では、こういう絵本も本に含まれると考えられるから、本屋さんはこれを売ってくれた。

ところが、ある日突然、政府から「本とは文字が記載《きさい》されている物をいう」という通達が出た。

通達どおりに解釈すると、「文字がまったく書いていない絵本」は本でないことになってしまう。だから「文字がまったく書かれていない絵本」を売っていた本屋さんは、法律に違反していることになる。出版社も本屋さんも大混乱に陥ってしまった。このような解釈は認められるのだろうか。

iii　類推解釈

「類推《るいすい》」というのは、「ある事柄」に当てはまるものは「類似《るいじ》の事柄」にも当てはまる、ということだ。

「pであればqとする」。「pとp'は類似している」。ゆえに「p'の場合もqとする」。これが類推解釈だ。

たとえば「わざと他人を殴ったものは一〇万円の罰金に処する」という条文があったとしよう。「わざと他人を殴る」という行為は「わざと他人を蹴る」という行為と類似している（おそらく蹴った方が痛いだろうけど、その点は無視）。ゆえに、「わざと他人を蹴ったものも一〇万円の罰金に処する」。これが類推解釈だ。このような解釈はどうだろう？

拡張解釈、縮小解釈、類推解釈、いずれもはっきりいって無理があるよね。

このような解釈方法は、刑事事件では原則として許されるべきではない。だって、君は刑法の条文を読んで、五年以下の懲役に処せられたらかなわないと思ってあえて顔を避けて後頭部を殴ったのに、「後頭部を顔とみなす」という拡張解釈によって処罰されたんじゃたまったもんじゃない（ただし、これはあくまでたとえの話だ。実際は顔だろうが後頭部だろうが、人を殴って傷つけたら傷害罪だ）。

あとの二つの場合だって同様だ。

でも、民事事件ではこのような解釈方法が許される場合が多いんだ。

なぜかって？

その最大の理由は、生命、身体、財産という個人の重要な権利を国家が強制的に奪ったり制限したりする厳しい制裁、すなわち刑罰が、民事事件では存在しないからだ。

このような厳しい制裁を国民に課することが許されるには、あらかじめどのような行為が犯罪になるかが、明確に法律に書かれていなければならない。これを「罪刑法定主義」という。法律の表現が曖昧《あいまい》だと、犯罪にならないと信じていた人を処罰することになって、個人の基本的人権が著《いちじる》しく侵害されてしまう恐れがあるからね。

ましてや、言葉の一般的な意味（先の例でいえば「顔」）を、裁判官が勝手に読みかえることが許されるんだったら、極端な場合、裁判官の気分次第で有罪になったり無罪になったりすることになる。

これに対して民事事件は、普通の「私人」同士での争いだ。訴訟を起こすかどうか、どの範囲で争うか、途中で和解という形で仲直りするか、いずれも当事者たちに委ねられている。この部分には国家は介入してこない。

だとすれば、法律の条文を、時代や状況に合わせて柔軟に解釈することを認めた方が、よりよい解決が図られる場合だってある。

以上のような理由で、拡張解釈、縮小解釈、類推解釈という、よくいえば柔軟、悪くいえば曖昧な解釈方法は、刑事事件では決して許されないけど、民事事件では許される場合があるんだ。

ⅳ 反対解釈

ある公園の入り口に次のような看板が立っていたとしよう。

「この公園に車を入れることを禁ずる」

普通に読めば、自転車を入れることは認められるだろう。

このように、禁止対象が「車」であると明確に示されているとき、それに当たらない物は禁止されていないと解釈するのが反対解釈だ。

もうひとつ例を挙げよう。ある橋の前に

「この橋を牛や馬に渡らせてはならない」

という立て札が立っていたらどうだろう。反対解釈して、象を渡らせるのは認められるのだろうか。トラックならどうだろう。最初の例と比べると、判断が難しい気がするよね。

一般的に、反対解釈が認められるかどうかを判断するには、「なぜ禁止されているのか？」という禁止の目的を考える必要がある。

橋が老朽化《ろうきゅうか》して危険だから、重い牛や馬に渡らせてはならない、という趣旨《しゅし》であれば、同じように重い象やトラックはダメだろう。

その橋が見るからにボロボロで、禁止の目的が明らかなのに、君が反対解釈に固執《こしつ》してトラックで渡り、橋が崩《くず》れて死んでしまったとしても、それは自業自得《じごうじとく》だ。

でも、牛や馬は橋の途中でフンをしたり毛が落ちたりして、他の通行者に迷惑をかけるから禁止しているという趣旨であれば、同じ動物の象はダメだけれど、トラックで渡るのは認められるだろう。

裁判でも、法律の条文をそのように解釈してもいいかどうかを、規定の趣旨や目的から判断することがある。契約書をめぐる争いでは、契約書に書かれていない、当事者の意思を推し量《はか》って判断することは多い。

ただし、先ほども書いたけど、刑罰を伴うような法律は、原則として曖昧であってはならない。

先ほどの例で、「この橋を牛や馬に渡らせた者は一年以下の懲役に処す」という法律があった場合は、象やトラックに渡らせても処罰してはいけないんだ。

反対解釈は、君もふだんの生活で使っているかもしれないね。

「宿題が終わらないうちは、ニンテンドーDSで遊ぶのは禁止」とお母さんからいわれて、「じゃあPSPならいいんだろ」といい返したりしていないかい?

反対解釈は口ごたえするには強力な武器だけど、使いすぎると「屁理屈《へりくつ》ばっかりいってるんじゃない」と叱られるから、使用はくれぐれも慎重《しんちょう》に。

3 法的三段論法を理解する

刑務所内でたばこを吸うことは認められる?

本章の最後に、法的三段論法というものについて説明しておこう。

これは、法律の条文の読み方ではないけれど、裁判所が出した判決、つまり判例を読むときに役に立つ。

後でも述べるけど、最高裁の判例は、実務では法律の条文と同じくらいの影響力がある。それに先ほど君に勧めた「判例付き六法」を読むときにも「法的三段論法」を知っていれば役に立つからね。

通常、三段論法というと、「AならばB」(大前提)、「BならばC」(小前提)、よって「AならばC」(結論)という議論の展開の仕方を指す。たとえば、「人間は哺乳類《ほにゅうるい》だ」「哺乳類は卵を産まない」よって「人間は卵を産まない」となる。

法的三段論法も本質的には三段論法に含まれるのだが、通常の三段論法とはまったく別物として考えた方が、理解しやすいと思う。

法的三段論法は、「この事案はAという条文の問題だろうか?」(問題提起)、「一般的にAという条文は、○○○のように解釈するべきだ」(規範定立)、「この事案は○○○と解釈することができる。よって、この事案にはAという条文が適用される」（当てはめ）、という展開になる。

理解できただろうか？　ちょっと難しいかもしれないね。

司法試験には論文試験という試験があり、これは法的三段論法にのっとって答えを書かなくてはならない。

ぼくが受験したときの憲法の問題を具体例にしてみよう。受刑者が刑務所で喫煙《きつえん》することは認められるのかという問題だった。

ここでまず示さなければいけないのは、「喫煙をすることは憲法上の権利か？」という問題提起だ。次に論ずるのは、「憲法一三条は広く個人の幸福追求権を認めており喫煙者にとって喫煙をすることは幸福追求の一環《いっかん》だ」という規範定立だ。そして最後に、「よって、喫煙をすることは憲法一三条で保障された権利だ」という当てはめがくる。

もっとも喫煙の権利が憲法上の権利だからといって、どんな場合でも認められるわけではない。他の利益を侵害するとしたら認められない場合があるのは当然だ。ここでは「受刑者による刑務所内での喫煙」という特殊事情がある。試験問題としては、特殊事情としての他の利益を具体的に挙げることが要求される。

刑務所は脱獄《だつごく》できないように簡単に外に出られないようになっているので、たばこの火が元になって火災が起これば大惨事《さんじ》になって多くの死傷者を出す恐れがある。だから刑務所内での喫煙は、憲法上の権利ではあっても認めることはできない。ぼくは答案にそう書いて合格した。ただし、「刑務所で喫煙することは認められる」と書いたら合格できないわけではない。司法試験で問われているのは、どんな結論を出すかということより、法的三段論法にのっとって説得力ある結論を導き出せるかということだ。

法律と事実に基づいて紛争解決する枠組み

法的三段論法は、法律実務の世界ではそのぐらい重視されている。

実際、裁判所の判決は、「本件という具体的事案で、○○という法律が適用されるのだろうか？」「○○という法律はそもそも△△という趣旨であり、そうであれば××と解釈するのが相当である」「本件の事案は××に当てはまらない。よって○○という条文は適用できず、原告の主張は認められない」という法的三段論法によって書かれるのが原則だ。

では、なぜ裁判所の判決はこのような形式をとるのだろう？

それは、裁判所の最大の役割は、民事事件であれば「原告」「被告」、刑事事件であれば「検察官」「被告人（弁護人）」という双方の当事者の主張する「具体的事実」が、「法規範に当てはまるか否かを判断する」ことだからだ。

法律の世界には、「汝《なんじ》、事実を語れ。我、法を語らん」という格言がある。これは裁判所が当事者に向けて発するメッセージだ。具体的事実に抽象的な法規範を当てはめ、紛争解決のための最適な結論を導き出すための枠組み、それが法的三段論法ということなんだね。

自分で考えるためのトレーニング

以上、法律の条文の読み方や解釈の仕方、判決書の読み方について簡単に説明してきた。これくらいの知識があれば、やさしい条文と判例を読むことができるはずだ。是非、判例付き六法を開いて、実際の条文や判例を読んでみてほしい。

一般に法律の解説書は、「この法律はこういう法律である」という導入部分を除けば、著者の条文に対する解釈や考え方の紹介と、判例の紹介から成っている。なので、最初から著者の解釈を鵜呑《うの》みにしないで、まず白紙の状態で条文を読み、実際にそれについてどのような判決が出ているのかを読んでみてほしい。それが自分で考えるためのとてもいい訓練になり、君の思考力は飛躍的に伸びるはずだ。

第7章

日本人は裁判が苦手？

所変われば法律も変わる

君も知っているように、法律は国によって異なる。覚せい剤《ざい》のような薬物を扱っただけで死刑にされてしまう国もあれば、死刑制度そのものがない国や地域もある。

前述したように、宗教の聖典が法律になっている国もある。

以前、ある人に聞いた話をしよう（彼のお父さんは商社マンで世界中飛び回っていたから、商社マンの間では結構有名な話だそうだ）。

某《ぼう》国に赴任《ふにん》していた日本人は、その国では絶対に車を運転してはいけないと厳しく念を押されていた。ところが、ある日、どうしても出ていかなければならない用件があったのに運転手がいない。仕方なく、禁を破って、彼は自分で車を運転して仕事に出かけた。

ところが、運悪く、その車で現地の子どもをはねてしまったんだ。その子は打ち所が悪くて死んでしまった。

さて、彼はどのような処罰をされたのだろう？

君に想像できるかい？

彼と彼の奥さんの目の前で、彼らの子どもが車でひき殺されたそうだ。

まさに「目には目を歯には歯を」を言葉通り行ったわけだ（子どもを亡《な》くした親と同じ悲しみを加害者に与えるということだね）。

これが法律による刑罰だったのか、ローカルルールだったのか、それとも私刑なのかはわからない。もしかしたら、刑罰と私刑が厳密に区分されていない国だったのかもしれない。

いずれにしても何とも恐ろしい話だ。日本人の常識では到底考えられないだろう。

自分たちの法律や常識が通じない国や地域が世界にはたくさんある。「所《ところ》変われば品《しな》変わる」ということわざがあるけれど、法律の世界もまさにそうだということをまざまざと教えてくれるエピソードだ。

先進国の法制度の特徴を押さえよう

世界には様々な法律や伝統的な掟《おきて》のようなものがあるので、海外へ行く場合は、その国の法律や制度を事前に理解しておいた方がいい。長期の旅行や、仕事で行く場合はとりわけそうだ。

とはいっても、すべての国の法律を全部理解するのはまず無理だ。先進国については、地域ごとに特徴があって、グループ分けができるので、本章ではその点について紹介しておこう。

グローバル化が進んでいる今日、日本の法律しか知らないのでは、他国との交流はなかなかうまくいかない。先進国の法制度の大きな枠組みを知っておくことは、君のこれからの人生にきっと役に立つと思うよ。

先進国の法律の流れを大きく区別すると、西欧と東アジアに分けることができる。

ここではイスラムを省いているが、それは決してぼくがイスラム諸国がすべて途上国だと考えているわけではないし、不当に差別しているわけでもない。

ただ、イスラム世界では宗教と法律が不可分で、宗教の解説なしに法律のことだけ論ずるわけにいかない。本章でイスラムについて触《ふ》れないのは、本書があくまで法律の入門書であるという理由からだと理解してほしい。

では、それぞれの地域の説明に入ろう。

法律で社会を規律する西欧の「法治主義」

ここでいう西欧とはヨーロッパのことで、イギリスから独立したアメリカも含めて考えている。

西欧の法制度は、ローマ法と一部ゲルマン法の系譜《けいふ》を受け継いでいる。ローマ法とは、古代ローマで進歩発展した法の体系だ。紀元前五世紀に最初の成文法である「十二表法」がつくられ、六世紀には集大成である「ローマ法大全」が編纂された。個人の所有権を認めているのが特徴で、西欧の近代法に大きな影響を与えたんだ。

西欧の法制度の特徴をひと言でいえば「法治主義」だ。法治主義とは「法の支配」とも呼ばれ、社会を規律するために、人ではなく法律が中心的な役割を果たすべきだという考え方だ。

西欧では、私人と私人の間の紛争を解決するために、法律が積極的な役割を果たすことが期待されているんだ。だから、先ほど紹介したイェーリングの、「自分の権利を守るためには法的闘争を辞してはならない」というような考え方が出てくるんだね。

イェーリングは日本人にとってはものすごく過激なことを書いているように思えるだろうけど、西欧ではとても有名な法学者だ。

イェーリングはまた「自分の所有地に勝手に侵入してくる不審者がいたら射殺してもいい」というようなこともいっている。君やぼくから見ると、過激すぎるような考え方だけど、西欧諸国では不審者が自分の敷地や家の中に入ってきたら場合によっては射殺しても正当防衛だとみなされる場合が少なくないのが現実だ。

法律で紛争を解決するとは、つまり裁判だ。西欧では、裁判が社会の中に溶《と》けこんでいた。

裁判は、歴史に裏づけられた、紛争を正しく解決してくれる不可欠の機関だとして、高く評価されていた。裁判に携《たずさ》わる法律家も社会的に尊敬されてきた。

聞くところによれば、中世の裁判では、ヨーロッパの上流階級が用いるラテン語が使われていたそうだ。裁判官などの衣装も、専用の、ずいぶん手の込んだものだったそうだ。実際、イギリスの法廷では、現在でも、裁判官は昔の音楽家（バッハやハイドンのような）のような形の銀髪のかつらをかぶって法廷に出ている。

民事事件ではかつらを廃止することになったという噂《うわさ》も聞いたけど、これも、つい最近になってのことだ。

大陸法と英米法の二つの流れ

ヨーロッパの法は、次第にローマ法を承継する大陸法とゲルマン法の影響を受けた英米法という二つの大きな流れに枝分かれしていった。

社会を規律する手段として法を重視するという点は同じなので、この二つは「やり方」の違いだと考えてよい。

大陸法とは、ヨーロッパ大陸のフランスやドイツなどの法制度のことだ（大陸といってもドーバー海峡を挟《はさ》んで大陸側という程度の意味だ。決してユーラシア大陸全体を指すものではない）。

大陸法の特徴は、法律をきちんと法典に書いておいて、国民はそれに従って行動し、紛争が生じたときは、法典に書かれた法律に当てはめて解決する、という「やり方」にある。

え、法律が法典に書かれているなんて。当たり前じゃないかって？

それがそうではないんだよ。日本はフランス法やドイツ法から学んで、法典をつくったから当たり前のように思えるだろ？ だけど、たとえばイギリスには、憲法があるけれど、書かれた法典としては存在していない。これも「不文憲法」と呼ばれる立派な憲法だ。

不文憲法はさておいて、大陸法の法典は、国民に宛《あ》てた「行為規範」と、裁判所に宛てた「裁判規範」に分けることができる。

難しそうに聞こえるけど、大したことじゃない。

「行為規範」というのは、条文で「(国民は)……してはならない」とか「(国民は)……する義務を負う」という形式で書かれている条文だ。

たとえば、さっきも出てきた、日本の民法の七〇九条は「故意又は過失によって他人の権利又は法律上保護される利益を侵害した者は、これによって生じた損害を賠償する責任を負う」と書かれているよね。

「……した者（国民）は、……する責任を負う」という形式だから、これは国民に宛てられた行為規範だといえる。

もっとやわらかい言葉でいえば、「わざとやうっかりで他人様に迷惑をかけた奴は、迷惑をかけた分の弁償をしなければいかんぜよ！」ということだ。

こういう条文があると、国民はそのようなことをしないように注意するよね。こうやって、「行為規範」は、国民の行為の指針になるんだ。

これに対して、「裁判規範」とは、裁判で裁判官が従わなければならない条文のことだ。刑法一九九条には、殺人の罪を宣告する場合は「死刑又は無期若しくは五年以上の懲役」と書いてある。裁判官はこれを無視して「罰金刑」をいい渡すわけにはいかない。このような条文が「裁判規範」だ。

これに対して英米法では、法律は国民に宛てた「行為規範」ではない。法律の中心になるのは、裁判を公平に遂行《すいこう》するための手続だ。英米法の法律は、裁判手続を記したルールブックみたいなものだと考えていい。

そして法律による正しい手続に従って行われた実際の裁判の事例が、判例としてとても重視されるんだ。

アメリカの映画で裁判の場面を見ていると、弁護士が「○○対××事件の判例では……と解釈されています」と法廷で発言している場面がよく出てくる。過去の判例は、日本人がイメージする法律の条文のように、英米法では重要な役目を果たしているんだ。

もちろん日本でも判例は重視される。実際に裁判に関わる法律家の間では、最高裁判所の判例は、条文と同じぐらいの重みがある。しかし、日本では、判例はあくまで条文を解釈する上での参考にすぎない。この点が、英米法の世界とは大きく違っているんだ。

大陸法と英米法の違いをもう一度まとめると、次のようになる。

大陸法の下では、「かくかくしかじか」のことをした場合「……という責任を負う」というように、国民に向けて、法律が規定されている。このような法律を「実体法」という。そして、裁判では「かくかくしかじか」という事実が存在したかどうかが審理され、その事実が認められれば「……という責任を負う」という判決が下される。

ちなみに法律の世界では、「かくかくしかじか」の部分を「要件」と呼び、「……という責任を負う」の部分を「効果」と呼んでいる。

これに対して、英米法の裁判は、実体法ではなく、裁判所での手続を定めた「手続法」にのっとって行われる。テニスの試合をイメージしてもらうといい。コートの両サイドから双方のプレーヤーが攻撃防御《こうげきぼうぎょ》をし、裁判官はあくまでジャッジをする審判、という位置づけだ。

このような公正なルールに基づいて、双方が争った結果出された法の実現たる判例が、その後の先例として重視されるんだ。

リーダーの「徳」で治める東アジアの「徳治主義」

中国を中心とする東アジアの特徴は、ひと言でいえば「徳治主義」だ。

この根本にあるのは孔子《こうし》の教えを中心にして発展した儒教《じゅきょう》思想だ。儒教においては、治者《ちしゃ》が「徳」をもって国や地域を治めることが大事で、法律の適用はできるだけ避けることが好ましいとされてきた。

でも実はこのような発想は東アジア特有のものじゃない。ギリシャの哲学者でアリストテレスの師匠だったプラトンも「哲人政治」、つまり賢明《けんめい》な支配者が国家を支配することこそ理想的な国家形態だと考えた。もっとも、いつの世にも哲人が出るとは限らない。プラトンはそれを承知していたので、哲人の考えを文章で表した法律による支配をもって、「哲人政治」の代わりとすることを考えたんだ。これが西欧の法制度の特徴である「法治主義」の源流になっている。

そもそも、みんなが儒教の教えに従い、礼節を重んじていたら、紛争は起きないはずだ。にもかかわらず、やむを得ず紛争が生じてしまった場合に限って、しょうがないから法律を適用しよう、というわけだ。

つまり、東アジアでは西欧と違って、裁判は、「治者」が「徳」をもってしても治められないときの「補助的な手段」だった。

だから、裁判というのはそもそも好ましくないものだし、裁判に携わる人たちも、くだけた表現を使うと「日陰者《ひかげもの》」扱いされていたんだ。

警察と検察と裁判官を兼ねていた「遠山の金さん」

日本は、昔から中国の影響を大きく受けてきた。特に江戸時代には、儒教の中でも、「治者」にとって都合のいい「朱子学《しゅし》」が重視された。

江戸時代のまさに江戸の町での裁判（裁判というべきかどうかは疑問の余地があるけど）は、

ドラマの「遠山の金さん」を見てもらえばよくわかる。

君は「遠山の金さん」というドラマを見たことがないかな？

簡単に説明すると、江戸の町には北町奉行《ぶぎょう》と南町奉行という二つの奉行所があった。奉行所とは、現代の警察と検察と裁判所を一体にしたような組織だった。

その奉行所のトップである遠山金四郎《とおやまきんしろう》という人が、旗本の三男坊の「遊び人」に扮《ふん》して江戸の町をフラフラしていて、毎回何かの事件に巻き込まれるんだ。遊び人の金さんは腕《うで》っ節《ぷし》が強い。それで素性《すじょう》を隠《かく》して、背中いっぱいの桜吹雪《ふぶき》の入れ墨《ずみ》を見せて、その場を治めるんだ。

その後、悪役である事件関係者が奉行所に連れてこられる。目の前には裁判官である遠山金四郎がいるんだけど、正装をしているから、「遊び人の金さん」だとはだれも気づかない。だから、みんな必ず、自分がやった悪事をしらばっくれるんだ。

悪役のしらばっくれが佳境《かきょう》に入ると、遠山金四郎は突然「やいやいやいおめえたち、しらばっくれるのもいいかげんにしろい。オレは全部知ってるんだぞ」と怒り出す。そしてそれでもまだしらばっくれる悪役に、桜吹雪の入れ墨を見せるんだな。そして「まさか、おめえたち、この桜吹雪を忘れたとはいわせねえぜ」とダメ押しの一喝《いっかつ》。これでついに悪役は「参りました」と白状するんだ。

これは現代の刑事訴訟法や裁判の仕組みから考えるととんでもないことだ。遊び人の金さんは犯罪行為を目撃した「証人」としての役割を持ち、刑事のように「捜査」をし、奉行所という警察と検察庁と裁判所が合併《がっぺい》したような機関のトップとして犯人を裁く「裁判官」役まで演じてしまう。

「遠山の金さん」や「大岡越前《おおおかえちぜん》」だからいいけど、彼らのような「徳」を備えていない人間が北町奉行や南町奉行になったら大変だ。「お白洲《しらす》」の上で好き放題やられて、人権侵害の騒《さわ》ぎどころじゃない。

日本人にとって訴訟は「つまらないもの」？

日本の法制度が大きく変わったのは、明治維新になってからだ。西欧諸国との不平等条約改正の目的で、フランスやドイツの大陸法を見習って、法律が整備された。憲法、民法、刑法、商法、民事訴訟法、刑事訴訟法という六法が制定されたのも、この時期だ。

そして第二次世界大戦の終戦後は、英米法の影響を受けて、憲法や刑事訴訟法などが抜本的《ばっぽんてき》に改正された。

でも、法典と制度は西欧風になったけれど、儒教的な「徳治主義」は、国民の間に今でも根強く残っている。

宮沢賢治《みやざわけんじ》の「雨ニモマケズ」という詩を知っているだろう？ 詩の中に「北に喧嘩や訴訟があれば、つまらないからやめろといい」（原文 北ニケンクワヤソショウガアレバツマラナイカラヤメロトイヒ）という一節がある。喧嘩や訴訟は、賢治にとっては「つまらないもの」だったんだね。

これは賢治だけじゃなく、今の日本人にも共通する心理じゃないかな。君の中にも、紛争はルールやマナーを守らないから起きる、紛争になってしまうのは人間ができていないからだ、なんて思っているところがあるはずだ。

日本がまだまだ「徳治主義」文化の国であって「法治主義」が定着していないことの証拠《しょうこ》なんだろうね。

だから、フランスやドイツをモデルにした法典が施行された後でも、民法や商法のように私人間の争いにおいては、日本の伝統的な風土に合わせた裁判が行われていた。その証拠に、明治八年の太政官《だじょうかん》布告一〇三号「裁判事務心得」には、成文の法律（ここでは意味がはっきりしている法律の条文のこと）のない場合には「習慣」または「条理」によって裁判をすべきであると記されていた。法律の条文にばっちり当てはまるような場合以外は、国民の日常生活に沿った判決をしなさいということだ。

生活習慣も価値観も違うフランスやドイツ風の法律がいきなり施行されたときの、苦肉の策だったんだろうね。

裁判員制度をどうするかは君たちの宿題

二〇〇九年からは、アメリカの陪審員《ばいしんいん》制度やドイツの参審制などをモデルにして、裁判員制度が発足した。

果たして裁判員制度というものが日本の社会にうまく溶け込むかどうかは、ぼくにはわからない。

というのは、アメリカ社会では「個人と神様との約束」という宗教観が根づいている。たとえばボランティア活動をするのは神様との約束を果たすことであり、そのために仕事を休んでも同僚《どうりょう》の理解が得られる。陪審員を務めることも同様だ。

でも日本ではそのような宗教観がない。だから裁判に参加することが、市民としての当然の権利であり義務であるという意識が弱い。心の底では、裁判は、「遠山の金さん」や「大岡越前」に任せるのが一番いいんだと思っている人も少なくないと思う。

でも、日本は実に不思議な国で、異なった文化圏から輸入した宗教や文化であっても、自国に合うようにアレンジして上手に取り入れてしまう特技がある。

古くは、仏教を取り入れて、古来からの神道《しんとう》と共存させてきたし、中国の漢字からひらがなやカタカナを作った。

平安時代の律令《りつりょう》制度も、ルーツは中国なんだけど、日本風にアレンジしてうまく使ってきた。

だからこの先、法治主義も独自の発展を遂《と》げて、日本の風土になじみ、裁判員制度もうまく定着していくのかもしれない。

それに、制度は一度できたからといって、永遠に存続させなければならないものじゃない。

一個人の基本的人権を尊重するという理念に照らしつつ、柔軟に取り込んでいくべきか、改善していくべきか、場合によっては制度そのものを廃止するべきか、議論し、検討を重ねていけばいい。それこそが、これから大人になる君たちに課せられた役割だ。

あとがき――13歳の君と、かつて13歳だった大人の皆様へ

本書は私のライフワークの一つともいえるものです。

私はサラリーマンを辞めて弁護士になりました。それには様々な理由があるのでここではお話ししませんが、弁護士として働いている間に、数え切れない膨大な数の人生を追体験することができました。

それらの体験は「法律」というフィルターを通してのものですが、弁護士という仕事は、私がサラリーマンを続けていたら決して得られなかったであろうたくさんの貴重なものを与えてくれました。

弁護士として私自身が経験できた貴重な体験を、これまた法律というフィルターを使って若い世代に伝えていけることは、私の人生にとってこの上ない喜びであります。

実は、私自身、何度となく命を失う覚悟をしたことがあります。

そんなとき、私に生きる希望を与えてくれたのが、娘や娘の友だち、私の友人のお子さんなどの子どもたちでした。日々の生活で生ずる素朴な問いについて子どもたちと話をしていると、自分自身が気づかなかった疑問やまったく新しい考えが湧いてきて、生きるエネルギーになりました。子どもたちが私の命の恩人だといっても過言ではありません。

ですから希望を持つのが難しいといわれる時代に生きる子どもたちや若い世代に対して、少しでも恩返しができれば、こんな幸せなことはありません。

とはいえ、本書だけの力で、子どもたちや若い世代に対してできることなど些細なものです。

そこで、教職に就いておられる一人でも多くの先生方に本書を読んでいただき、賛成、反対、批判等いかなる形でもけっこうですので、教え子の皆さんに語りかけていただきたいのです。本書をきっかけにした先生方との心の交流を子どもたちの糧《かて》にしていただきたく、切にお願いする次第であります。

私自身、小学校から大学まで、教わった先生方の名前も顔もすべて思い出すことができます。感銘を受けた教えは現在も私の人生の指針になっています。

たとえ時代が変わっても、先生方の教えは教え子の皆さんの心に一生残るものであると私は確信しています。仮にいま現在は手に負えないとんでもない生徒であっても……。

また、本書は「13歳からの」と銘《めい》打っていますが、若さとは実年齢ではなくその人の考え方や生きていく姿勢であると私は思っています。実年齢に関係なくいつまでも〝若い世代〟のお役に立つことも願っています。

このような気持ちで書いた本書でありますので、学校の教材、入試問題や過去問集、問題集や模擬試験の例文など、子どもたちの教育に役立つかたちであれば、どのようにお使い下さってもけっこうです。筆者の意図を離れて一人歩きしていくのが書籍の運命だと私は思っております。

最後に、素晴らしい編集をしていただいた幻冬舎の小木田順子さんに深く感謝申し上げます。本書は、まさしく小木田さんと私の合作ともいえるもので、小木田さんがいなければ世に出ることはありませんでした。

二〇一〇年四月

荘司雅彦

著者略歴

荘司雅彦《しょうじまさひこ》

一九五八年三重県生まれ。

東京大学法学部卒業後、旧日本長期信用銀行に入行。

その後、野村證券投資信託を経て、八八年司法試験合格。

九一年弁護士登録。平均的弁護士の約一〇倍の案件を処理する傍ら、各種行政委員等を歴任。二〇〇八年〜〇九年SBI大学院大学教授。

コメンテーターとしてテレビ・ラジオにも多数出演。

『反対尋問の手法に学ぶ　嘘を見破る質問力』『六法で身につける　荘司雅彦の法律力養成講座』(ともに日本実業出版社)、『中学受験BIBLE』『最短で結果が出る超勉強法』(ともに講談社)等、著書多数。

幻冬舎新書 167

13歳からの法学部入門

二〇一〇年五月三十日 第一刷発行

著者 荘司雅彦

発行人 見城徹

編集人 志儀保博

発行所 株式会社 幻冬舎

〒一五一-〇〇五一 東京都渋谷区千駄ヶ谷四-九-七

電話 〇三-五四一一-六二一一(編集)

〇三-五四一一-六二二二(営業)

振替 〇〇一二〇-八-七六七六四三

ブックデザイン 鈴木成一デザイン室

印刷・製本所 株式会社 光邦

検印廃止

Printed in Japan ISBN978-4-344-98168-3 C0295

し-8-1

幻冬舎ホームページアドレス http://www.gentosha.co.jp/

*この本に関するご意見・ご感想をメールでお寄せいただく場合は、comment@gentosha.co.jp まで。

幻冬舎新書

浅羽通明
右翼と左翼

右翼も左翼もない時代。だが、依然「右―左」のレッテルは貼られる。右とは何か？　左とは？　その定義、世界史的誕生から日本の「右―左」の特殊性、現代の問題点までを解明した画期的な一冊。

小山薫堂
考えないヒント
アイデアはこうして生まれる

「考えている」かぎり、何も、ひらめかない――スランプ知らず、ストレス知らずで「アイデア」を仕事にしてきたクリエイターが、20年のキャリアをとおして確信した逆転の発想法を大公開。

和田秀樹
バカとは何か

他人にバカ呼ばわりされることを極度に恐れる著者による、バカの治療法。最近、目につく周囲のバカを、精神医学、心理学、認知科学から診断し、処方箋を教示。脳の格差社会化を食い止めろ！

井上薫
狂った裁判官

裁判官が己の出世欲と保身を優先することで、被告人の九九％が有罪となる一方、殺人を犯しても数年の懲役しか科せられないことさえある……矛盾がうずまく司法のカラクリを元判事が告発する衝撃の一冊。

幻冬舎新書

長嶺超輝
裁判官の爆笑お言葉集

「死刑はやむを得ないが、私としては、君には出来るだけ長く生きてもらいたい」。裁判官は無味乾燥な判決文を読み上げるだけ、と思っていたら大間違い。個性あふれる肉声を集めた本邦初の裁判官語録。

長嶺超輝
裁判官の人情お言葉集

裁判官も人の子。重い刑を言いわたす前には大いに迷うし、法と世間の常識のギャップに悩むこともある。頑なな被告人の心を揺さぶった言葉を厳選。ベストセラー『爆笑お言葉集』に続く涙のお言葉集！

長嶺超輝
47都道府県これマジ!?条例集

山口県光市の「おっぱい都市宣言」、石原都知事直々のネーミング「しゃれた街並みづくり推進条例」等々。地域の条例、規則、宣言の中から笑えるルールを発掘！本邦初、日本全国珍ルールの旅。

伊藤真
なりたくない人のための裁判員入門

一生のうちで裁判員に選ばれる確率は約六五人に一人。裁判の歴史から、刑事裁判の基本原則、裁判員の役割まで、Xデーを迎える前に知っておくべきことを、法教育のカリスマが熱く分かりやすく解説。

幻冬舎新書

井上薫
はじめての裁判傍聴

初心者は「覚せい剤取締法違反」を狙うべし。開廷前の人間ドラマを観察すべし……など、元裁判官だから知っている法廷のほんとうの見所、傍聴人の心得を克明に記す。法廷入門・決定版。

元榮太一郎
刑事と民事
こっそり知りたい裁判・法律の超基礎知識

刑事と民事の違いは何か？　また行政裁判との違いは？法律の根本を押さえつつ仕事・日常生活・人間関係のトラブルを民事／刑事／行政の三つの法的責任から解説する裁判・法律の基礎知識。

佐伯啓思
自由と民主主義をもうやめる

日本が直面する危機は、自由と民主主義を至上価値とする進歩主義＝アメリカニズムの帰結だ。食い止めるには封印されてきた日本的価値を取り戻すしかない。真の保守思想家が語る日本の針路。

紺谷典子
平成経済20年史

バブルの破裂から始まった平成は、世界金融の破綻で20年目の幕を下ろす。この20年間を振り返り、日本が墜落した最悪の歴史とそのただ1つの原因を解き明かし、復活へ一縷の望みをつなぐ稀有な書。

幻冬舎新書

平野貞夫
平成政治20年史

20年で14人もの首相が次々に入れ替わり、国民生活は悪くなる一方。国会職員、議長秘書、参院議員として、政治と政局のすべてを知る男が書き揮う、この先10年を読み解くための平成史。

小山薫堂
もったいない主義
不景気だからアイデアが湧いてくる！

世の中の至るところで、引き出されないまま眠っているモノやコトの価値。それらに気づき、「もったいない」と思うことこそ、アイデアを生む原動力だ。世界が認めたクリエイターの発想と創作の秘密。

香山リカ
しがみつかない生き方
「ふつうの幸せ」を手に入れる10のルール

資本主義の曲がり角を経験し人々は平凡で穏やかに暮らせる「ふつうの幸せ」こそ最大の幸福だと気がついた。自慢しない。お金、恋愛、子どもにしがみつかない――新しい幸福のルールを精神科医が提案。

藤井聡
なぜ正直者は得をするのか
「損」と「得」のジレンマ

利己主義者が損をして不幸になり、正直者が得をして幸せになることを科学的に実証！　どんな性格の人が結果的に得をし、幸せになれるのか。生きる上で重要なヒントを与えてくれる画期的な論考。